Daniele Novara und Caterina Di Chio
Aus dem Italienischen übersetzt von Judith Krieg

Gut streiten will gelernt sein!

Schülerkonflikte verstehen und erfolgreich moderieren

AOL
verlag

Hinweis: Der besseren Lesbarkeit wegen sprechen wir meistens von Schülern und Lehrern, meinen damit natürlich auch die Schülerinnen und Lehrerinnen.

Impressum

Gut streiten will gelernt sein!

Daniele Novara
Der Pädagoge, Berater und Aus- und Weiterbildner leitet seit 1989 das *Centro Psicopedagogico per la pace e la gestione dei conflitti* in Piacenza (CPP – Psychopädagogisches Zentrum für Frieden und Konfliktmanagement, www.cppp.it). Als Experte für Lernprozesse in Konfliktsituationen hat er die sogenannte „mäieutische" Methode „Gut streiten" zur Lenkung von Kinderstreit entwickelt. Daniele Novara leitet pädagogische Beratungsstellen für Lehrkräfte und Eltern. Er ist Autor zahlreicher Bücher und Publikationen.

Caterina di Chio
Die Grundschullehrerin ist Aus- und Weiterbildnerin sowie Supervisorin im Studiengang Früh- und Grundschulpädagogik der Universität Turin. Caterina di Chio ist Expertin für die mäieutische Dialogtechnik zur Konfliktlenkung und für Sexualerziehung. An Schulen gibt sie Workshops zur Förderung sozial-emotionaler Kompetenzen und zur Sexual- und Gefühlserziehung. Sie ist Herausgeberin eines Buches über die Situation von Jugendlichen mit AIDS.

Der Inhalt des gesamten Buches ist eine Gemeinschaftsarbeit beider Autoren. Aus praktischen Gründen hat Daniele Novara den ersten und Caterina di Chio den zweiten Teil verfasst.

1. deutschsprachige Auflage 2016

Veritaskai 3 · 21079 Hamburg
Fon (040) 32 50 83-060
Fax (040) 32 50 83-050
info@aol-verlag.de · www.aol-verlag.de

Übersetzung: Judith Krieg
Redaktion: Kristina Poncin
Lektorat: Susanne von Ahn
Layout/Satz: Satzpunkt Ursula Ewert GmbH, Bayreuth
Illustrationen: Scott Krausen
Coverfoto © iStockphoto.com/wgmbh (#59170652)
Fotos: S. 5: © Ilike – Fotolia.com (#39004163); S. 11: © Anne Katrin Figge – Fotolia.com (#1369442); S. 87: © Anne Katrin Figge – Fotolia.com (# 1369462)

ISBN: 978-3-403-10404-9

Italienische Originalausgabe: **Litigare con metodo**

Engagiert unterrichten. Natürlich lernen.

AOL verlag

Inhalt

Einleitung

Richtig streiten lernen: ein methodischer Ansatz

Allen Kindern, die für Streit bestraft wurden. Wir widmen ihnen dieses Buch, auf dass sich diese Bestrafung nicht mehr wiederhole und wir die Freiheit haben, gut zu streiten!

Bereits seit 25 Jahren spielt das *Centro Psicopedagogico per la pace e la gestione dei conflitti* in Piacenza (CPP – Psychopädagogisches Zentrum für Frieden und Konfliktmanagement) eine wichtige Rolle in der Erziehungswissenschaft. Das Buch, das Sie in den Händen halten, versammelt und strukturiert die Ergebnisse eines Forschungsschwerpunktes des Instituts und präsentiert mit einer von Daniele Novara entwickelten, empirisch erprobten Methode ein zentrales Resultat dieser pädagogischen Arbeit.

Viele Jahre lang hat das CPP Pionierarbeit geleistet: Mit Unternehmungsgeist und Überzeugung haben wir die These verfolgt, dass Streiten gelernt werden kann. Wir wollten beweisen, dass Konflikte und Gewalt nicht gleichzusetzen sind, sondern der Konflikt bereits eine höher entwickelte Form zwischenmenschlicher Beziehungen darstellt.

Inzwischen sehen wir uns nicht mehr als Pioniere: In der pädagogischen Gemeinschaft vertreten wir mit Nachdruck, dass Konflikte ihre Berechtigung haben, ja, dass die persönliche Entwicklung, insbesondere von Kindern, durch Streit sogar gefördert werden kann und sollte.

Mittlerweile übernimmt das CPP „subversive" Aufgaben: Wir unterwandern die Vorstellung, es gäbe heutzutage unbegrenzte Möglichkeiten und Erziehung müsste Kinder und Jugendliche in diesem Sinne fördern, damit sie nicht zurückbleiben und keine Chancen der Hypermoderne verpassen. Denn beim Streiten oder durch Konflikte erfahren Menschen im Gegenteil, dass Grenzen existieren und Regeln wichtig sind.

Kinder mit Methode beim Streiten zu begleiten ist eine subversive Praxis! Kinder können so eine Persönlichkeit ausbilden, die andere und die Bindungen zu ihnen einbezieht, ohne dabei Grenzen, notwendige Wartephasen und Filter zu umgehen.

Erziehung mit Methode, das heißt: Strukturen schaffen und Grenzen setzen, bei Entscheidungen helfen und die Zukunft im Blick haben. Diese Aufgaben können heute die Institution Schule und auch die Familie übernehmen. Kinder sollten Grenzen erfahren und sie sollten dabei begleitet werden: Hierin liegt die subversive Aufgabe der Pädagogen und aller anderen Erwachsenen.

Die hier vorgestellte Methode verbindet klare Regeln mit Kreativität und birgt viel Potenzial für echte Veränderungen an den Institutionen, die sie bereits anwenden oder in Zukunft anwenden wollen. Der Weg, den wir beim Thema Kinderstreit zurückgelegt haben, kann mit folgender Formel zusammengefasst werden: Streit ist nicht nur wichtig – das Streiten zu beherrschen ist sogar eine Kompetenz.

Die Publikationsliste des CPP zeigt die verschiedenen Etappen dieser Entwicklung: Ende der 1980er-Jahre veröffentlichte Daniele Novara ein Büchlein mit dem Titel „Der Streit“ (*Il litigio*), das neue Erkenntnisse der Verhaltensforschung sowie erste Experimente und Beobachtungen zu Konfliktsituationen unter Kindern heranzog. Auf dieser Grundlage konnten wir Streitigkeiten „rechtfertigen“ und akzeptieren, als Erfahrung, die zur Kindheit dazugehört und spezifische Chancen bietet. Davon ausgehend beschäftigten wir uns auch mit Konflikten unter Erwachsenen. Anfang der 1990er-Jahre erschien dann der Band „Der Friedensimpuls“ (*L'istinto di pace*), der die Konflikt-Thematik aus der Perspektive der Friedenserziehung betrachtete, was wie folgt zusammengefasst werden kann: Wollen wir ein Verständnis von Beziehungen entwickeln, das voneinander abweichende Positionen berücksichtigt, dann müssen wir Streit und Konflikte miteinbeziehen. Im Jahr 2004 wiederum erschien eine neue Ausgabe von „Sich streiten, sich umarmen“ (*Abbracci e litigi*), die den Versuch unternahm, das Oxymoron des Titels zu versöhnen: Menschen können enge Beziehungen entwickeln, aber damit das möglich ist, müssen eine gewisse Distanz und Streit erlaubt sein. Auch dies war eine wichtige Phase, die unseren heutigen Arbeitsstand und damit den spezifischen Beitrag des CPP vorbereitet hat: Um gut zusammenzuleben, müssen wir erst das Streiten lernen.

Wir vertreten heute den Standpunkt, dass gutes Streiten, also *Streiten mit Methode*, möglich ist. Streit ist für uns nicht automatisch mit Schuld verbunden, daher benötigen wir auch kein Oxymoron mehr, das mildernde Umstände schafft. Stattdessen schlagen wir vor, Kompetenzen zu entwickeln, die zu einer konstruktiven Streitkultur beitragen. Zu einem in diesem Sinne effizienten Streit gehört, dass Beziehungen bestehen bleiben und Personen nicht „beseitigt“ werden. Und dies gilt für Kinder in ihrer Entwicklung genauso wie für Erwachsene.

Wir stellen in diesem Buch eine äußerst innovative Methode vor, mit der Kinder lernen können, gut zu streiten. Dabei konzentrieren wir uns darauf, Kinder als Subjekte ihres Lebens und Wachstums zu ermächtigen. Unsere empirischen Untersuchungen, bahnbrechend in der internationalen pädagogischen Forschung auf diesem Gebiet, haben die Wirksamkeit der Methode bestätigt: Kinder sind bereits in der Lage, untereinander Beziehungen zu knüpfen, und es ist möglich, die Entwicklung dieser Ressourcen und Fähigkeiten durch die „Mäieutik", eine Dialogtechnik zur Konfliktlenkung (siehe Kapitel 4), zu fördern. Auf dieser Grundlage werden auch die zukünftigen Erwachsenen fähig sein, Konflikte in funktionierende und kreative Beziehungen zu integrieren.

Im Laufe der letzten 25 Jahre hat sich der gesellschaftliche und kulturelle Kontext stark verändert. Es ist ein Übergang erfolgt von der autoritären Erziehung durch den *Vater* hin zur emotionalen Erziehung durch die *Kinder* – und damit sind nicht nur die heutigen Kinder gemeint, sondern auch die heutigen Erwachsenen, als Kinder ihrer Eltern. Doch auch dieser gegenwärtige nicht-autoritäre Erziehungsstil stellt nicht wirklich die Kinder ins Zentrum, fördert noch nicht konsequent ihre Entwicklung hin zu Autonomie und Ablösung. Um dies zu erreichen, sind unserer Ansicht nach noch Veränderungen nötig: Erwachsene müssen zu wirklich mündigen Erziehungsberechtigten werden, mehr, als dies bisher der Fall ist. Fühlen Erwachsene angesichts von Kinderstreit verschwommen, dass sie nicht angemessen darauf reagieren, dann müssen sie sich die Hintergründe ihres Handelns bewusst machen. Sie sollten bewusste Entscheidungen fällen können und dabei ihre Grenzen und ihre Parteilichkeit im Blick haben, sie sollten in der Lage sein, die Erziehung zu organisieren, ohne dabei die Individualität des Kindes zu missachten.

Wir widmen die von uns vorgeschlagene Methode allen Erwachsenen, die sich heute oder in Zukunft beruflich oder als Eltern um Erziehung kümmern. Ziel ist es, dilettantisches Stückwerk zu vermeiden, improvisiertes Eingreifen der Erwachsenen, das oft persönliche Automatismen zutage bringt oder aber von mangelnder Kommunikation unter den Erziehungsberechtigten oder Pädagogen zeugt.

Erwachsene wollen mit der Erziehung häufig ihre speziellen, persönlichen Probleme lösen. Uns hingegen interessiert eine Erziehung mit Weitblick, mit einem pädagogischen Ziel. Erziehung betrifft die Gemeinschaft. Streit und Konflikte sind ein Weg, Beziehungen auszuhandeln, und betreffen die Gemeinschaft daher ebenfalls. Wenn die Beschäftigung damit nur unsere kleinen persönlichen Probleme lösen soll, dann kommen wir nicht weit.

Und die Forschung steht weiterhin vor offenen Fragen. Für Kinder ist der Streit eine Ablösungspraxis. Ob Interaktionen zwischen sehr jungen Kindern, die noch nicht als Streit bezeichnet werden können, oder richtige Streitigkeiten – immer handelt es sich um Phasen der Ablösung von den Eltern und Erwachsenen, in denen die Kinder mit ihrem Körper, ihren Worten und ihren Gefühlen experimentieren. Zunächst eins mit der Mutter, entdeckt das Kind durch den Streit, dass es einen eigenen „emotionalen Körper“ besitzt, mit dem es sich beschäftigen, den es nutzen kann. Dieser Prozess dauert ein Leben lang und kann durch Streit lediglich angestoßen werden.

Obwohl bereits viel getan und geschrieben wurde, obwohl wir hier unser Wissen über Kinder, über die Entwicklung, über menschliche Beziehungen teilen, bleibt das Terrain, das dieses Buch bearbeitet, doch ein Feld für weitere Studien und Untersuchungen. Um es in Anlehnung an Albert Einstein zu sagen: „Wenn wir (genau) wüssten, was wir tun, würde man es nicht Forschung nennen.“

Paolo Ragusa
Ausbildungsverantwortlicher am CPP, Centro Psicopedagogico per la pace e la gestione dei conflitti, in Piacenza (CPP – Psychopädagogisches Zentrum für Frieden und Konfliktmanagement)

Erster Teil

Die mäieutische Dialogtechnik und ihre theoretischen Voraussetzungen

1 Streiten als Mittel gegen Gewalt

1.1 Wider die Begriffsverwirrung

Eine Fachzeitschrift veröffentlicht die Ergebnisse der Wortschatzarbeit in einer Kindergartengruppe (S. Sironi, *Io tra terra e cielo*, in: „Scuola Materna", Nr. 9 2011. Die Gruppenarbeit wird auf S.40 beschrieben). Der Artikel behandelt den Einsatz des didaktischen Instruments „Wörterwurf (*Lancio della parola*)", mit dem Eindrücke einer Buchlektüre in der Gruppe geteilt werden. Im angeführten Beispiel schlägt die Erzieherin das Wort „Krieg" vor und fordert die Kinder auf, alles zu nennen, was ihnen zu diesem Begriff einfällt. Beim freien Assoziieren tauchen unterschiedliche Wörter und Gedanken auf, unter anderem wird „Streiten" mit „Krieg" in Verbindung gebracht.

Schon seit Jahren bemühe ich mich darum, mehr Klarheit in die Begriffsverwirrung zu bringen, die Wörter wie etwa „Gewalt", „Konflikt", „Krieg", „Streit", „Auseinandersetzung" und „Übergriff" vermischt und miteinander verbindet. Alle diese Begriffe werden demselben negativ besetzten semantischen Bereich zugeordnet, als bezögen sie sich auf ein und dasselbe Verhaltensmuster. Aber wie kann man vom Afghanistankrieg als einem „Konflikt" sprechen und so den gewaltsamen Tod von fast 2.800 Menschen pro Jahr (die Zahl bezieht sich auf das Jahr 2010; zur derartigen Verwendung des Begriffs „Konflikt" sei neben vielen anderen auf den Aufsatz von Dell'Olio 2011 verwiesen) mit einer Auseinandersetzung unter Nachbarn gleichsetzen, die um den Parkplatz streiten, um nur ein Beispiel zu nennen?

Unweigerlich bekommen schon kleine Kinder die Folgen dieser riskanten Vermengung zu spüren, die es unmöglich macht, verschiedene Formen zwischenmenschlicher Interaktion zu unterscheiden. Es ist außerdem schon lange bekannt, dass begriffliche Zuschreibungen auf das Erleben und das persönliche Verhalten zurückwirken. Man könnte es so sagen: Wenn ich es mir zur Gewohnheit mache, ein Kind als „gewalttätig" zu bezeichnen, das sich aufregt und wie verrückt schreit, wenn es beim Spielen im Hof verliert, dann kann es sein, dass ich irgendwann keinen Unterschied mehr wahrnehme zwischen den Wutschreien und der Ohrfeige, die eben jenes Kind zum Schweigen bringen soll.

Konflikt, Streit und Gewalt sind nicht ein und dieselbe Sache. Ein Streit ist kein Krieg und auch kein gewalttätiger Übergriff. Wir können dies beispielhaft am Ablauf eines Autounfalls beschreiben.

Beispiel

Erster Fall. In einem Kreisverkehr verursacht ein Autofahrer einen Auffahrunfall. Beide Parteien steigen aus. Der Fahrer des beschädigten Autos ist ziemlich wütend und sagt zum anderen: „Haben Sie mich denn nicht gesehen? Wo sind Sie mit Ihren Gedanken?“ Der Schuldige antwortet: „Verflixt, ich habe mich ablenken lassen, ich wollte das nicht.“ Der andere zeigt auf den Blechschaden und antwortet wütend: „Da sehen Sie, das kostet sicher 500 Euro. Sie sollten wirklich besser aufpassen!“ Der zerstreute Autofahrer rechtfertigt sich: „Es tut mir wirklich leid, ich wollte das nicht … ich war nur einen Moment lang unkonzentriert.“ „Nun ja, passiert ist passiert, ich hoffe sehr, dass Sie versichert sind!“ „Ja natürlich, wir regeln das.“ „Also halten wir den Schaden fest.“ „Gut, ich hole die Dokumente.“ Gemeinsam warten die beiden auf die bereits verständigte Polizei.

Zweiter Fall. In einem Kreisverkehr bemerkt ein Fahrer, dass das Auto hinter ihm etwas zu dicht auffährt und drängelt. Er ärgert sich über diese aufdringliche Nähe und denkt: „Was will der? Warum kommt er so nahe ran? Er fährt fast auf. Ich möchte, dass er verschwindet! Jetzt zeige ich es ihm, ich gebe ihm eine Lehre, das hat er davon, wenn er so drängelt.“ Er wird immer wütender, er kennt den Fahrer hinter ihm zwar nicht, aber er erträgt ihn nicht, kann ihn nicht ausstehen. Daher bremst er abrupt und provoziert einen Auffahrunfall. Der Aufprall ist heftig, der hintere Fahrer stößt sich den Kopf und verletzt sich. Ein Krankenwagen holt ihn ab und die Polizei nimmt den Unfall auf.

Ich überlasse es den Lesern, Schlüsse aus diesen beiden Beispielen zu ziehen: Wo haben wir es hier mit Gewalt zu tun, wo mit einem Konflikt, handelt es sich wirklich um dasselbe Muster? Ich bin der Ansicht, dass Gewalt spezifische Merkmale hat, die deutlich von denen des Konflikts abweichen: ein unwiderruflicher Schaden, vorsätzliches Handeln und die Absicht, den Verursacher eines Problems zu beseitigen und damit das Problem zu lösen. Ein Konflikt hat seine Berechtigung, Gewalt hingegen nicht. Bringen wir die beiden Begriffe durcheinander, dann verlieren wir die Fähigkeit, Gewalt wirklich als solche zu erkennen: als Vorsatz, den Gegner spürbar zu schädigen, vor allem aber als Wunsch, ein Problem mitsamt seinem Verursacher zu beseitigen. Gewalt existiert, weil Menschen sich von ihren Gefühlen dominieren lassen, und damit meine ich nicht nur zufällige, emotionale Reaktionen, sondern auch Gefühle, die jahrelang anhalten und eine tyrannische Macht ausüben.

Der Konflikt hingegen ist anderer Natur, er bewegt sich auf einer Beziehungsebene. Unter Konflikt fällt alles, was Beziehungen betrifft, in denen die Parteien in Bezug auf irgendetwas gegensätzliche Positionen einnehmen. Können ein Individuum oder eine Gemeinschaft nicht mit Konflikten umgehen, dann kommen sie aus dem Gleichgewicht und tragen möglicherweise Schaden davon: Wollen wir uns davor schützen und die Angelegenheiten zwischen uns und den anderen besser regeln, dann müssen wir in Konfliktsituationen entsprechend kommunizieren. In folgender Tabelle fasse ich meine Unterscheidung zwischen Gewalt und Konflikt zusammen.

Gewalt	Konflikt
Vorsätzliche Schädigung des Gegners mit nicht wieder rückgängig zu machenden psychischen oder körperlichen Folgen	*Auseinandersetzung, Meinungsverschiedenheiten, Divergenz, Widerspruch, von Kritik begleiteter Widerstand* (keine unwiderrufliche Schädigung)
Problem (Konflikt) soll gelöst werden, indem sein Verursacher beseitigt wird	*Absicht, sich dem Problem (Konflikt) zu stellen* und dabei die Beziehung zu erhalten
Vernichtung der Beziehung als vereinfachende und einseitige „Lösung“	*Entwicklung der Beziehung ist möglich,* wenn auch anstrengend und mit Problemen verbunden

Tabelle 1.1: *Die Unterscheidung zwischen Gewalt und Konflikt (aus Novara 2011, S. 20)*

Konflikte verursachen keine unwiderruflichen Schäden, im Gegenteil, sie bewahren das Entwicklungspotenzial einer Situation. Dies führt uns zu einem anderen wichtigen Punkt, nämlich der subjektiven Wahrnehmung eines Konflikts. Oft werden beleidigende Worte mit gewalttätigem Handeln gleichgesetzt: Aber ist alles, durch das ich mich angegriffen fühle, wirklich Gewalt? Im Konflikt geht es darum, die Beziehung zu bewahren, der Gewalt geht es darum, die Beziehung zu zerstören und zu vernichten. Sicherlich erleben Menschen Situationen sehr unterschiedlich, dennoch bin ich überzeugt davon, dass wir Kränkungen nicht prinzipiell als Gewalt begreifen sollten, da ein unerträgliches Klima allgemeiner Überempfindlichkeit und Gereiztheit die Folge wäre. Die Situation ist paradox: Einerseits messen wir individuellen Befindlichkeiten viel Bedeutung bei und betrachten sie als unantastbaren Teil unserer Persönlichkeit. Andererseits umgeben wir uns gerne mit Menschen, die mit Auseinandersetzungen emotional besser umgehen können und sich nicht gleich angegriffen fühlen.

Analysen können bei dieser Thematik an vielen Punkten ansetzen. Das CPP geht über bestehende Ansätze hinaus und beschäftigt sich bereits seit Jahren mit einer neuen Hypothese. Danach beruhen viele gewalttätige Handlungen auf der Unfähigkeit, Konflikte auszutragen und mit Konfliktsituationen umzugehen. Dieses Unvermögen bezeichnen wir als *mangelnde Konfliktfähigkeit*. Was ist damit gemeint?

Mangelnde Konfliktfähigkeit

Der Begriff bezeichnet ein Defizit auf der Beziehungs- und der metakognitiven Ebene, mit folgenden Merkmalen:

- Einer Person fällt es schwer, Beziehungen mittels Sprache zu gestalten, was einen Kreislauf zur Folge hat: Irritation auf verbaler Ebene löst gewalttätiges Handeln aus.
- Eine Person neigt dazu, Emotionen auszuleben, ohne sie symbolisch zu filtern und aufzuarbeiten: Psychische Labilität tritt auf diese Weise offen zutage.
- Eine Person hat Mühe, zwischen dem Inhalt und dem Sender einer konfliktbeladenen Nachricht zu unterscheiden, und verwechselt daher ihr Gegenüber mit dem Problem.

Diese Schwierigkeiten zeugen vom Unvermögen, mit Widerspruch umzugehen oder sich zurückzuhalten. Spannungen werden daher sofort nach außen projiziert, auf die Person, mit der sie zusammenhängen.

Ist eine Person mit *mangelnder Konfliktfähigkeit* zudem sehr empfindlich und leicht reizbar, dann kann dies in bestimmten Situationen zu Frustration und

Irritation führen, zu Überzeugungen und Gefühlen in Bezug auf sich und andere, die Formen nach innen oder nach außen gerichteter Gewalt auslösen. Ich denke hierbei an die Problematik jugendlicher Aggression, die sich auch gegen die eigene Person richten kann. Gewalt unter Jugendlichen nimmt heutzutage zwar tendenziell ab, dafür nehmen jedoch Formen autoaggressiven Verhaltens deutlich zu, von Essstörungen bis hin zu Selbstverletzungen, von psychosomatischen Krankheiten bis hin zu unterschiedlichsten Abhängigkeiten.

Doch wie entsteht *mangelnde Konfliktfähigkeit*? Ich glaube, dass hier viele Faktoren hineinspielen und die Erziehung in dieser Hinsicht entscheidend ist: Ohne Zweifel haben die gewalttätigen Erziehungsmethoden, an denen man sich bis in die 1950er-Jahre hinein orientiert hat und die auch bei den heutigen Erwachsenen, Eltern und Erziehern noch nachwirken, damit zu tun. Mittlerweile wissen wir, dass eine aggressive Erziehung ihrerseits Gewalt hervorbringt, da sie eine gefährliche Verbindung eben mit Gewalt eingeht und Kinder abstumpft. Doch auch die mangelnde Stabilität der soziokulturellen Lage spielt mit hinein. Sie behindert die Entwicklung eines theoretischen und praktischen Bezugsrahmens, der erkennen ließe, wie wichtig der Konflikt auf der Beziehungsebene und beim Lernen ist. Was die Erziehungsmethoden anbelangt, haben wir es heute im Gegensatz zur Vergangenheit mit dem anderen Extrem zu tun: Wir könnten von *Erstickungsgefahr durch Überbetreuung* sprechen. Viele übersensible, schwache Eltern sehen sich eher als Freunde der Kinder, statt ein konsequentes Erziehungsprojekt aufzusetzen. Dies alles ist Teil eines größeren Zusammenhangs, in dem technische Hilfsmittel immer mehr Raum einnehmen und in der Kindheit an die Stelle echter Erfahrung und echter Beziehungen treten. Gleichzeitig erleben wir eine Krise der Pädagogik als einer Wissenschaft der Erziehung und des Lernens, es fehlt an theoretischen Überlegungen zu aktuellen Problemen und zur gegenwärtigen Situation.

Doch ein weiterer wichtiger Faktor spielt eine entscheidende Rolle bei der Entstehung *mangelnder Konfliktfähigkeit*: Für viele Erwachsene ist Streit tabu. Mehr oder weniger bewusst sehen wir darin etwas Negatives, das es zu unterdrücken gilt. Ein Grund dafür ist, dass wir Konflikt und Gewalt begrifflich vermengen, ein anderer, dass wir durch unsere eigene Kindheit geprägt sind, in der Streit als Schuld erlebt und behandelt wurde: „Wer war das?" „Wer hat angefangen?" „Wer ist schuld?" Diese traditionelle Weise, Konflikten unter Kindern zu begegnen, hat dazu beigetragen, dass Streit in unserer Vorstellung negativ besetzt ist. Früher half niemand den Kindern dabei, ihre Erlebnisse aufzuarbeiten, Distanz einzunehmen, Gefühle und Handlungen in einen Kontext einzuordnen. Im Falle eines Streits ging es nur darum, den Schuldigen zu finden und ihn zu bestrafen, ähnlich wie in einem Gerichtsprozess.

Doch auch heute noch wird Konflikten unter Kindern mit Schuldkategorien begegnet, in der Absicht, eine Art „Rechtsordnung" wiederherzustellen. Meiner Meinung nach handelt es sich um einen der letzten Reste früherer Unterdrückungspraktiken.

Es ist fatal, Kindern Auseinandersetzungen zu verbieten, denn so erfahren sie nicht, wie sie diese nutzen können. Verwirrung und Entfremdung sind die Folge. Auseinandersetzungen sind fundamental: Kinder lernen dadurch, ihre Impulse, Emotionen und Handlungen zu steuern und im Miteinander Regeln einzuhalten. Auseinandersetzungen sind nötig, um soziale Bindungen neben den engsten Bezugspersonen zu entwickeln, ein Prozess, der mit dem dritten Lebensjahr einsetzt und lange andauert.

Hinweis

Durch Auseinandersetzungen, und daher auch durch Konflikte, lernen Kinder, mit anderen zusammenzuleben.

Aus den genannten Gründen ist es wahrscheinlich, dass Kinder, die Konflikte nicht als normale Situation erleben dürfen, einen Mangel an Konfliktfähigkeit entwickeln. In der Folge werden sie in Konfliktsituationen dann potenziell gewalttätig, gegenüber anderen oder sich selbst. Weil sie unfähig sind, den Konflikt auszutragen, weil sie das Bedürfnis haben, die Situation zu vereinfachen, weil Gewalt den Konflikt sofort löst und die Partei beseitigt, die das Problem verursacht. Weil auf diese Weise ein Angriff auf das eigene Ego ausgeschlossen wird, das heute bei vielen Kindern und Jugendlichen schwach ausgebildet ist.

1.2 Streiten muss erlaubt sein

Streit, insbesondere Kinderstreit, ist daher das wirksamste Mittel gegen Gewalt – äußere Gewalt, innere Gewalt, gewalttätiges Handeln. Ein Konflikt ist kein Krieg, er ist Lösung und Prävention.

Zu Konflikten im Kindesalter existieren ausgereifte theoretische Überlegungen der internationalen psychologischen Forschung (insbesondere sei verwiesen auf Bonica 2009; Bonino 1988, 2006, 2012; Butovskaya und Kosinzew 1999; Carugati 2009; Corsaro 2003; Dunn 1988, 2004; Garvey 1984, Oliverio Ferraris 2004; Pontecorvo und Ajello 2004; Shantz 1987); es fehlt jedoch die entsprechende pädagogische Praxis. Die Pädagogik geht momentan tatsächlich durch eine tiefe Krise. Obwohl bereits viele Fortschritte gemacht wurden, hält sich die Vorstellung beharrlich, gutes erzieherisches Handeln dürfe keine Auseinandersetzungen dulden, fast so, als ließe sich Kooperation herbeizaubern. Doch Zusammenarbeit entsteht aus der Beobachtung und der Interaktion widerstreitender Elemente, die sich immer wieder gegenseitig ergänzen und bereichern. Je stärker Meinungsverschiedenheiten abgewehrt werden, desto weniger sind effiziente Entwicklung und Kooperation möglich. Die Pädagogik hat sich legitimerweise mit der Frage befasst, wie kooperative Prozesse zu fördern seien, aber es ist nicht legitim, Konflikte unter Kindern aus den Untersuchungen auszuschließen, geht es dabei doch um ein ganz wesentliches Forschungs-, Handlungs- und Arbeitsfeld.

Die Erziehungsarbeit sollte Konflikte und deren Gestaltung daher ins Zentrum ihrer Aufmerksamkeit rücken. In diesem Bereich ist tatsächlich eine Alphabetisierung von Grund auf nötig, mit neuen Symbolen und einem veränderten Umgang mit Emotionen, frei von altem Ballast.

Kinder haben das Recht zu streiten und sie haben das Recht auf Begleitung durch Erwachsene. Auf Bezugspersonen, die sie in die Lage versetzen, aus sozialen Interaktionen zu lernen, und ihnen dabei helfen, Fähigkeiten der Selbstregulation zu entwickeln. Die sie dabei unterstützen, sich konstruktiv und kompetent mit anderen auseinanderzusetzen. Auf diesem Weg, davon bin ich überzeugt, können wir eine deutlich weniger gewalttätige Gesellschaft aufbauen.

2 Streitende Kinder: ein Tabu

2.1 Konflikte als Ressourcen wahrnehmen

Vielen Menschen fällt es schwer, Konflikte nicht als Problem, sondern als Ressource wahrzunehmen. Verschiedene Faktoren sind dabei im Spiel: die Lebensgeschichte und die Ausbildung der jeweiligen Person, ihre Erlebnisse und Erfahrungen, der kulturelle und gesellschaftliche Hintergrund, der historische Kontext.

Konflikte unter Kindern sind nach wie vor ein Tabu, vielleicht das letzte pädagogische Tabu unserer Epoche. Auf gewisse Weise sind sie immer noch mit einem Verbot belegt. Bei Erwachsenen rufen sie eine Mischung verschiedener Reaktionen hervor, von Scham über Verlegenheit bis hin zu Angst und Stress. Konflikte erzeugen einen Kontrollwunsch und werden auf unterschiedlichste Art sanktioniert oder verhindert.

Unser Ziel ist es, dieses Tabu zu entkräften: Wir wollen seine historisch-kulturellen Wurzeln offenlegen und zeigen, inwiefern es mit persönlichen Erfahrungen zusammenhängt. So möchten wir allen Erwachsenen mit Erziehungsaufgaben – Eltern, Lehrkräften oder Erziehern – ermöglichen, „guten Streit“ als Chance zu sehen und sich bewusster und zielführender mit diesem Thema auseinanderzusetzen.

2.2 Die Tradition

In den Humanwissenschaften existiert keine Tradition, die Konflikte als Ressource begreift. Keine Strömung der Pädagogik, der Psychologie oder Soziologie hat Konflikte je in diesem Sinne untersucht.

Die Psychologie und die Psychoanalyse sehen Konflikte traditionell als zwar nicht pathologisches, aber doch eher unangemessenes Beziehungsmuster, das es zu überwinden gilt. Die soziologisch oder sozialpsychologisch geprägte Tradition hat das Thema tiefer gehend analysiert, betrachtet Streit dabei aber als eine Art Unfall, der zum Bruch in Beziehungen führt. Diesem Ansatz nach sollten wir lernen, auf Konflikte zu reagieren und sie zu kontrollieren. Dahinter steckt eine soziopolitische Logik: Der Konflikt wird hier als Zeichen von Diskontinuität und nicht als Lernanlass gesehen, er kündigt primär das Auftauchen neuer gesellschaftlicher beziehungsweise politischer Instanzen und Kräfte an.

Und die Pädagogik? Ganz abgesehen von der „schwarzen Pädagogik“ (siehe Miller 2008), die alles unterdrückt, was zur Kindheit dazugehört, ein Ansatz, von dem wir uns immer noch befreien, fällt es wie bereits erwähnt auch den fortschrittlicheren Zweigen der Pädagogik schwer, das Potenzial kindlicher Streiterfahrungen zu erkennen. Auch hier untersucht man nicht, inwiefern wir Konflikte als Chance nutzen können zugunsten der Erziehung und Entwicklung der Kinder. Diese Bereiche der Forschung orientieren sich ebenfalls im Wesentlichen an der Logik der Zusammenarbeit, häufig verstanden als eine dem Konflikt antithetisch entgegengesetzte Form zwischenmenschlicher Interaktion. Man geht davon aus, dass eine Gruppe gut funktioniert, wenn ihre Mitglieder sich nicht streiten, sondern sie vielmehr stark kooperativ und durch hohen soziometrischen Zusammenhalt geprägt ist.

Denken wir nur an die vorherrschenden Überzeugungen zur Arbeit mit Kindergruppen, insbesondere mit Schulklassen: Noch immer gehen wir mehr oder weniger bewusst davon aus, dass Konflikte auf ein Minimum reduziert werden sollten, da sie den Gruppenzusammenhalt stören. Es liegt auf der Hand, dass Gruppen einen Weg finden müssen, mit Streitigkeiten umzugehen. Doch wenn eine Gruppe nicht streitet, dann ist das nicht unbedingt ein positives Zeichen und heißt nicht, dass sie gesund ist und gut funktioniert. Im Gegenteil. Die Analyse von Phänomenen wie Mobbing lässt deutlich eine andere Dynamik erkennen: Täter können sich besonders gut in Gruppen verbergen, die eng, aber auf falsche Weise zusammenhalten und Konfliktpotenzial ausblenden. Kommt es hingegen häufiger zu Konflikten und werden sie offen ausgetragen, dann haben solche Phänomene es viel schwerer (siehe Novara und Regoliosi 2007).

Mir fallen dazu auch die ersten Schritte der Friedenserziehung in den 1980er-Jahren ein, als einige damals weit verbreitete Bücher zur Kindheitspädagogik eine sehr naive Vorstellung von Frieden vertraten. „Wir mögen uns und helfen uns, wir streiten nicht und tanzen schön Ringelreihen auf der Wiese:

Das ist Frieden", so schrieben die Kinder unter Zustimmung der Lehrkräfte, eine Vorstellung also, die in jedem Fall mit Harmonie und nicht mit Konflikten verbunden ist. Bei der Arbeit ging es dann vor allem um Prävention und darum, Kompetenzen zur sofortigen Lösung potenziell schwieriger und konfliktbeladener Situationen zu entwickeln (siehe dazu z. B. Sanziel 1984, S. 207 ff.). Das Idealbild vom Frieden als harmonischem Zustand ohne Spannungen, aber daher auch ohne Auseinandersetzungen und komplizierte Interaktionen hält sich hartnäckig. Wir alle, die einen mehr, die anderen weniger, sind mit dieser impliziten Zukunftsvision aufgewachsen. Dabei ist dieses Friedensideal mit seinen Vorgaben unmöglich umsetzbar und schafft letzten Endes nur Unverständnis und Frustration. Es versetzt uns nicht wirklich in die Lage, eine andere Welt aufzubauen.

2.3 Die Geschichte der Kindheit und der Mythos des braven Kindes

Unsere Probleme mit Kinderstreit hängen noch mit einer anderen grundlegenden Veränderung auf gesellschaftlicher und kultureller Ebene zusammen. Mit einer Entwicklung, die wir nicht immer im Blick haben, gerade, da sie zur jüngsten Vergangenheit gehört. Das 20. Jahrhundert war ohne Zweifel sehr ereignisreich – aus pädagogischer Sicht könnten wir es „das Jahrhundert des Kindes“ nennen, in Anlehnung an eines der damals meistverkauften Bücher (Key 2000). In Deutschland erschien das Buch im Jahr 1902, mit riesigem Erfolg: Ellen Key entwirft darin bereits die Idee einer Kindern gewidmeten Sozialpolitik, die neue Formen menschlichen Zusammenlebens vorstellbar macht.

Im 20. Jahrhundert entsteht in der westlichen Kultur jene pädagogische, soziale und politische Bewegung, die ihr Augenmerk auf die Kinder richtet und im Jahr 1989 schließlich in der UN-Kinderrechtskonvention mündet. Das Verhältnis von Groß und Klein, von Eltern und Kindern wird nun neu angelegt: Dienten familiäre Beziehungen bis ins 19. Jahrhundert zwar nicht besonders hehren, aber ohne Zweifel unmittelbaren und pragmatischen Zielen – etwa der wirtschaftlichen Absicherung oder dem Weiterleben der Familienlinie –, wird die Eltern-Kind-Beziehung im 20. Jahrhundert nach und nach zur Privatsache. Eine neue Kultur der Aufmerksamkeit gegenüber den Kindern entwickelt sich. Die Familie ist nun ein Lebensbereich, der sich um Gefühle dreht, um einen Austausch, der in erster Linie freiwillig und auf Vertrauensbasis erfolgt und nicht mehr im Rahmen eines Sozialvertrags. Die Geburt eines Kindes ist ein glücklicher Moment: Sie sorgt für Wohlergehen, für Gefühlsbindung, einen Beziehungsvertrag. Und die familiäre Harmonie, das Ideal eines „guten Miteinanders“, wird so von einem eher untergeordneten Ziel zu einer regelrechten Vorschrift. Konflikte in der Familie und der Erziehung werden folglich als negativ und störend wahrgenommen: Sie schaden dem Ideal und sind daher zu vermeiden. Der Mythos des „braven Kindes“ entsteht, das zu einem harmonischen Umfeld voll erwiderter Gefühle passt. Die Sache hat jedoch einen Haken: Kinder sind von Natur aus nie „brav“ – und wenn sie es doch sind, dann steckt meist tatsächlich ein Problem dahinter. Sie sind launisch, sie stören und schreien, sie machen Schmutz und weinen ohne Grund, sie verstehen nie, wann es genug ist, wann eine Grenze erreicht ist, wann es nicht passt.

Dieser Mythos, dieses Ideal eines Erziehungsidylls, entwickelt und verfestigt sich im Laufe des letzten Jahrhunderts. Es ist sehr wichtig, die Entstehung solcher Idealbilder nachzuverfolgen und nicht zu vergessen, dass am Ursprung in diesem Fall ein von Gewalt geprägtes Verhältnis steht. Die Geschichte der Kindheit ist voll davon: Jahrhundertelang verstand man unter Erziehung vor allem Gewalt. Kinder wurden gefügig und eben zu braven Kindern gemacht. Dazu gehörten Strafen, Methoden der Zügelung wie das extrem enge Wickeln beziehungsweise Festbinden der Kinder oder andere Formen purer Gewalt. Das Ammenwesen beispielsweise wurde lange Zeit zum großzügigen und fürsorglichen Akt stilisiert. Noch heute erfassen wir es nicht in seiner ganzen Unmenschlichkeit: Ein Kind wird von seiner Mutter getrennt, die ein anderes Kind stillt, das wiederum von seiner Mutter getrennt ist (siehe deMause 1989; Cambi und Ulivieri 1992; Polenghi 2003; Boswell 1998; Perco 1984).

Heute wird Gewalt gegen Kinder nicht mehr toleriert: Wir versuchen, ihre Rechte zu berücksichtigen, soweit es geht. Dieser Wandel ist jedoch über zwei oder drei Generationen hinweg eingetreten, ein historisch gesehen sehr kurzer Zeitraum, dem Jahrtausende der Gewalt und der Übergriffe gegenüberstehen. Und was geschieht nun? Die Gewalt taucht in anderer Gestalt wieder auf, Kinder werden gezügelt, ausgebremst und manipuliert. Sitzt ein Kind täglich vier Stunden vor einem Bildschirm, dann beeinträchtigt das bewiesenermaßen seine sinnliche Wahrnehmungsfähigkeit und ist somit auch eine Form von Gewalt. Dasselbe gilt, wenn ein Kind sich nicht schmutzig machen darf, da es so weniger Möglichkeiten hat, seine natürliche Umgebung zu erkunden und mit ihr zu interagieren. Ich möchte damit sagen, dass der Mythos des „braven Kindes“ die Kindheit auf bestimmte Weise entmenschlicht. Im Laufe der Jahrhunderte wurden Millionen Kinder manipuliert und schikaniert und in gewisser Hinsicht lebt dieser Ansatz noch heute fort, wenn auch mit raffinierteren und sozialverträglicheren Methoden.

Wir sind heutzutage Zeugen einer pädagogischen Kurzschlussreaktion: Innerfamiliäre Konflikte, die eigentlich Ausgangspunkt eines Erziehungsprojektes sein könnten, führen zu Sorgen, Ängsten, Hilfegesuchen an alle möglichen Experten, zu Gefühlen des Scheiterns, der Scham und der Mutlosigkeit.

Es ist, als verkünde das streitende Kind, also ein Kind, das „nicht brav" ist, den Bankrott, das Scheitern der Erziehungsperson. Wir haben den Bezug zur Erziehungswissenschaft verloren, die eigentlich Grundlage pädagogischer Praxis sein sollte. Die heutige Situation ist paradox und geradezu grotesk: Es gibt eine Fülle an Internetseiten, Büchern, Veranstaltungen, Fortbildungsmöglichkeiten und Informationen für Eltern, in solcher Vielzahl, dass jeder eine Bestätigung der eigenen Erziehungsmethoden findet, seien sie noch so seltsam und unvorstellbar. Vieles davon hat wenig oder keinerlei Bezug zu den erzieherischen Grundlagen, die im 20. Jahrhundert in wissenschaftlichen Studien zur kindlichen Entwicklung erarbeitet und in der pädagogischen Praxis erprobt wurden. Wir haben das Ziel aus den Augen verloren:

Hinweis

Kinder sind Kinder, sie sollten zur Autonomie hin erzogen werden und nicht Teil eines Wohlfühl-Projektes sein, das gleichermaßen idealistisch, abgedroschen wie unrealistisch ist.

Wie können wir Kindern also beibringen, die Schwierigkeiten und Übergänge in ihrer Entwicklung zu bewältigen? Auf welcher Basis können wir ein gesundes und wirksames Erziehungsprojekt aufzusetzen? Aus dieser Perspektive spielt die persönliche Geschichte der Erziehungsbeauftragten eine große Rolle. Angesichts von kindlichen Launen, Kinderstreit und Spannungen im Erziehungsverhältnis aktivieren Erwachsene schnell Reaktionen und Handlungsweisen, die nicht wirklich willensgeleitet sind. Diese erlernten und vielleicht nicht genügend aufgearbeiteten Verhaltensmuster verhindern, dass die Erziehungsberechtigten ihren Einfluss auf angemessene Weise einsetzen.

2.4 Konflikte und Kindheitsprägungen

Was passierte, wenn Sie als Kind in einen Streit verwickelt waren? Was sagten die Erwachsenen in Ihrem Umfeld, wie verhielten sie sich?

Während meiner langjährigen biografischen Arbeit mit Erwachsenen, darunter Pädagogen, hat sich ein ziemlich charakteristisches Merkmal der Erziehung unserer Generation herauskristallisiert: Was Konflikte anbelangt, wurden wir in unserer Kindheit durch Kategorien wie Schuld und Unschuld geprägt. Streit galt als Fehler, als eine Form der Schikane oder sogar der Gewalt. Wer stritt, machte sich schuldig und musste bestraft werden. Aus unserer Kindheit kennen wir vor allem ein Kriterium für die Interpretation von und die Reaktion auf Kinderstreit: Gerechtigkeit. Der Konflikt zerstört ein harmonisches Gleichgewicht, das es zu schützen gilt. Der Schuldige muss gefunden und verurteilt, die Balance wiederhergestellt werden.

Ich selbst erinnere mich an Erwachsene, die grundsätzlich wie folgt reagierten: „Wer war das?“, „Wer hat angefangen“, „Wer ist schuld?“. Das Strafmaß war völlig willkürlich: „Wenn ihr nicht sofort damit aufhört, passiert etwas!“ Bestrafung, Schikanen, Schuld und Ängste: Dies sind die Gefühle und Erfahrungen, die mit Streitigkeiten in unserer Kindheit einhergingen. Es kam sogar vor, dass Kinder wegen eines gänzlich gewaltlosen Streits vom Unterricht suspendiert wurden.

Die Erwachsenen erwarteten also von uns, dass wir uns schuldig fühlten, wenn wir einen Streit begonnen hatten, oder dass wir die Schuld auf unseren Gegner schoben. Wenn Kinder sich untereinander bestraften, wurde das manchmal sogar mit mehr Wohlwollen aufgenommen als ein Streit. Bei der Lenkung von Konflikten, vor allem von Kinderstreit, ist die Ebene der Gerechtigkeit jedoch völlig irreführend. Erstens, weil dadurch das „Gerichtssyndrom“ ausgelöst wird: Das heißt, das Kind sucht sich einen Richter, einen Erwachsenen, eine kompetente außenstehende Bezugsperson, weil sein Rivale und es selbst gar nicht in der Lage sein können, das zwischen ihnen entstandene Problem zu lösen. Und zweitens: Wie können wir bei einem Kinderstreit überhaupt einen Schuldigen identifizieren?

Gingen wir auch davon aus, wir könnten etwas wie perfekte Gerechtigkeit herstellen – beim Nachdenken über Kinderstreit wird uns unweigerlich klar, dass wir meist nur den letzten Teil des Vorgangs zu fassen bekommen. Die Vorgeschichte zu rekonstruieren, ist so gut wie unmöglich: In manchen Fällen hat der Streit vielleicht nach einer lange zurückliegenden Episode weitergeschwelt und sich dann zufällig an einem banalen Vorfall wieder entzündet. Fast immer gehen Konflikte mit Vorwänden einher. Die Haltung des Richters, der sofort eine Lösung des Problems finden möchte, widerspricht der Tatsache, dass ein Konflikt erst einmal interpretiert und in allen seinen, oft verborgenen Komponenten analysiert werden muss. Nur so können wir wirklich steuernd eingreifen.

Kinder werden oft unvermittelt durch starke Gefühle angetrieben. Manchmal kommt es fast ohne Grund zum Streit, durch eine Anwandlung, eine punktuelle Gefühlsentladung, die bewiesenermaßen verpufft, ohne wirklich Spuren oder Erinnerungen zu hinterlassen.

Außerdem streiten Kinder auch, um Aufmerksamkeit zu erhalten. Wenn sie damit Erfolg haben, geht die Gleichung auf: Je mehr sie streiten, desto besser. Wir leben in einer narzisstisch geprägten Gesellschaft, die das Interesse an der eigenen Person in den Vordergrund stellt. Dieses Klima wirkt sich unweigerlich auf die Kinder aus. Ihre Konflikte können daher auch etwas Exhibitionistisches haben. Wenn wir die Botschaft vermitteln, bei einem Streit müsse ein erwachsener Richter anwesend sein, dann befördern wir damit eine irreführende Dynamik, die Erwachsene gegen ihren Willen von erzieherischen Akteuren zu Spielfiguren macht. Lernprozesse der Kinder unterstützen wir so sicher nicht.

Wir sollten Konflikte lenken und nicht unterbinden. Die Erziehungsaufgabe der Erwachsenen besteht nicht darin, zu schlichten oder Schuldige zu bestrafen, sondern Lernprozesse zu fördern. Eine Arbeit also, die den Schwerpunkt auf die Entwicklung von Kompetenzen legt.

2.5 Die Bedeutung der „wunden Punkte"

Ein weiterer Aspekt betrifft die persönliche Geschichte der Erziehungsberechtigten. Ich spreche diesbezüglich von „wunden Punkten" (Novara 2011). Darunter verstehe ich emotionale und psychologische Sedimente in den tiefsten Schichten unserer Erinnerung, die durch leidvolle Kindheitserfahrungen entstanden sind. Da gibt es Kinder, die von Erwachsenen geringgeschätzt oder solche, die von ihren Altersgenossen ausgeschlossen werden, brave Mädchen, von denen man stets Höchstleistung erwartet, und solche, die immer mit ihrer Schwester verglichen werden ... Es handelt sich nicht um traumatische Erfahrungen, sondern um schmerzhafte Kindheitserlebnisse, die über einen längeren Zeitraum andauern. Als Erwachsene erinnern wir uns vielleicht an diese Erlebnisse, möglicherweise können wir auch darüber sprechen, doch dann schmerzt die Erinnerung auf einmal wie ein bloßgelegter Nerv. Und häufig taucht dieser Schmerz gerade dann wieder auf, wenn wir mit Kinderstreit konfrontiert werden. Ein Konflikt unter Kindern ruft bei Erwachsenen stark persönlich grundierte Verhaltensweisen hervor, in denen sich unterschiedliche, intensive Gefühle Bahn brechen: Beklemmung, Wut, Angst, Aggression. Primäre Emotionen also, die es erschweren, die bisherige Rolle im Konflikt weiter einzunehmen oder die konkrete Streitsituation unter Kindern kompetent zu lenken.

Hier beispielsweise die aus einer Fortbildung stammende Erzählung eines „braven Mädchens", das gerne „böse" gewesen wäre, wie es auch im Titel eines Bestsellers aus den 1990er-Jahren heißt (Ute Erhardt: Gute Mädchen kommen in den Himmel, böse überall hin. Frankfurt am Main: Krüger 1994). Wunde Punkte hinterlassen besondere Erinnerungen, auf die wir zugreifen können, die aber weiter in uns arbeiten und Nachwirkungen haben.

Beispiel

Grundschule, erste Klasse: Ich war fünf Jahre alt, ein Jahr jünger als die anderen. Da ich sehr schüchtern war und mich geweigert hatte, in den Kindergarten zu gehen, entschied meine Mutter, dass es nun gut für mich wäre, zur Schule zu gehen und von anderen Kindern umgeben zu sein.
Ich kam auf eine von Nonnen geführte Privatschule: Dort fühlte ich mich wie ein Fisch auf dem Trockenen, aber ich war „brav“ und verhielt mich der Situation und den Erwartungen der anderen angemessen.
Gegen Ende des Schuljahres wurde wie üblich das Schulfest organisiert. Wir Erstklässler sollten ein Lied singen: alle im Chor vor den Eltern. Aber ... meine Stimme klingt wie eine rostige Gießkanne, ich bin völlig unmusikalisch. Allen Anstrengungen der Lehrerin zum Trotz störte mein Gesang immer wieder die Harmonie. Daher schlug man mir vor, „so zu tun als ob“: Ich sollte in der letzten Reihe des Chors stehen und nur die Lippen bewegen, während meine Klassenkameraden sangen.
Ich hätte gerne geschrien, protestiert, dass ich das nicht gerecht fand. Abgesehen davon, dass ich ausgeschlossen wurde, vor allem sollte ich „so tun als ob“: Wie war das möglich? Mein Gerechtigkeitssinn rebellierte.
Aber auch meine Mutter akzeptierte die Entscheidung und so behielt ich meinen Protest für mich. Wahrscheinlich hatte ich gehofft, dass wenigstens meine Mutter verstand, was ich fühlte!
Schließlich stand ich fein gekleidet auf der Bühne in der zweiten Reihe und bewegte die Lippen, ganz das brave Mädchen, als das mich alle sehen wollten ... Der Konflikt war nicht einmal ansatzweise zur Sprache gekommen.

Ein anderes typisches Beispiel für wunde Punkte ist die Art und Weise, wie wir auf Beleidigungen reagieren: Für einige haben derartige Angriffe kein großes Konfliktpotenzial, bei anderen ruft schon ein bestimmtes Wort unwillkürlich Reaktionen hervor. Hier zeigt sich eine überraschende Kontinuität zwischen der Kommunikation in gegenwärtigen Beziehungen und den Kommunikationsformen, die eine Person im Laufe ihres Lebens erlebt hat. Wir könnten diese Verbindungslinie mit Leichtigkeit bis in die Kindheit zurückverfolgen.

Greifen Erwachsene in einen Streit ein, dann hat das oft mit ihren wunden Punkten zu tun und weniger mit dem, was wirklich zwischen den Kindern passiert. Manche Erwachsene schreien, manche teilen Ohrfeigen aus, manche überlassen die Kinder ihrem Schicksal, manche versuchen, die Sache im Gespräch zu klären. Häufig handelt es sich um wenig reflektierte Reaktionen.

So gesehen haben Erziehungsverantwortliche also die Aufgabe, sich mit sich selbst und mit ihrer Rolle zu befassen: Sie sollten sich ihre persönliche Geschichte, ihre Konflikterfahrungen und ihre wunden Punkte bewusst machen. Das ist nicht einfach, aber der pädagogische Zusammenhang steht außer Frage, will man nicht riskieren, banale und repetitive Verhaltensstereotypen zu verfestigen. Damit meine ich nicht, dass sich die Erziehungsperson notwendigerweise immer auf Deutungsmuster der Psychologie, der Analyse oder auf persönliche Erfahrungen beziehen muss. Wir sollten uns aber gezielt mit jenen autobiografischen Blockaden und Verstrickungen auseinandersetzen, die dem bestmöglichen Einsatz unseres erzieherischen Einflusses im Wege stehen könnten.

2.6 Und wenn sie sich verletzen?

Bei der Reaktion der Erwachsenen auf Kinderstreit spielt auch die Angst vor Gewalt eine nicht zu unterschätzende Rolle. Unterschwellig ist hier alles präsent, was wir bisher beschrieben haben: Verwechslung von Konflikt und Gewalt, mit persönlichen Erfahrungen verbundene Ängste, der Wunsch, einen Schuldigen zu finden.

„Hört auf damit, sonst tut ihr euch noch weh!" Wer von uns hat diesen Satz nicht zumindest einmal gesagt? Wir haben nicht nur Angst, für eventuelle Schrammen und Verletzungen verantwortlich zu sein. Dahinter steckt auch die Vorstellung, Kinder seien gewalttätig, als gehöre Gewalt untrennbar zum Kindsein dazu.

Verschiedene Studien haben jedoch zeigt, dass ein Kind bis zum sechsten Lebensjahr gar nicht in der Lage ist, eine andere Person oder sich selbst willentlich zu verletzen: Der physische Kontakt liegt in der Natur der Kinder, auf diese Weise erkunden sie die Welt mit allen Sinnen. Es ist daher auch normal, dass es unter Kindern leicht zu körperlichen Zusammenstößen kommt. Ihr Sprachvermögen reicht noch nicht dazu aus, Gefühle auf andere Weise auszudrücken. Absichtliche Gewalttätigkeit ist jedoch bis zum sechsten Lebensjahr gar nicht möglich, zumindest nicht in der Form, wie wir sie bei Erwachsenen kennen. Wie Jean Piaget zeigt (Piaget 1993), denken Kinder vor dem sechsten Lebensjahr noch nicht „reversibel“: Aus entwicklungspsychologischer Sicht sind sie noch nicht in der Lage, Angriffe im Gedächtnis zu behalten und die Erinnerung in Groll und Rachegefühle umzuwandeln. Dies wäre aber die Voraussetzung für willentlich gewalttätiges Handeln (siehe dazu beispielsweise Butovskaya und Kosinzew, 1999, S. 125–139). Sicherlich, Kinder können einander wehtun, doch dabei handelt es sich um zufällige Episoden ohne jede weitere Bedeutung.

Ein Beispiel für eine fehlgeleitete Interpretation von Kinderstreit betrifft Fälle von „Beißern“ im Kindergarten. Schon oft haben mich verzweifelte Eltern oder Erzieher um Rat gebeten. Sicher erleben wir bei Kindern unter drei Jahren immer wieder Zusammenstöße, die tatsächlich Ähnlichkeit mit dem Tierreich haben: Diese Auseinandersetzungen haben oft keine feststellbaren Ursachen, sondern sind eher auf Formen von Revierkämpfen zurückzuführen. Wie verhalten wir uns bei solchen Vorkommnissen? Erwachsene vergessen immer wieder, dass Kinder in diesem Alter, mitten in der oralen Phase, häufig den Mund nutzen, um mit ihrer Umgebung zu interagieren, und dass ein deutliches, gut platziertes und konsequentes Verbot zu diesem Zeitpunkt viel eher Resultate erzielt als in anderen Entwicklungsphasen.

Bis zum dritten Lebensjahr sind Kinder noch sehr egozentrisch. Sie sind nicht wirklich in der Lage, sich in andere hineinzuversetzen, sie fühlen sich allmächtig und haben Mühe, die Befriedigung ihrer Bedürfnisse und Impulse aufzuschieben. Sie sind jedoch extrem abhängig von den Erwachsenen und daher leicht erziehbar. Im Alter von drei bis sechs Jahren entwickeln sich die Konfliktformen dann weiter. Auf dieser Stufe möchten Kinder nun bestimmte Dinge in ihren Besitz bringen: Sie streiten um die Aufmerksamkeit der erwachsenen Bezugsperson, um ein Spielzeug, weil sie sich etwas wünschen oder ihnen etwas fehlt. Nun kommt die Frustration ins Spiel, die Tatsache, dass jemand oder etwas dem Ziel im Wege steht. Aber auch in diesem Fall können wir nicht von Gewalt sprechen.

Nach dem sechsten Lebensjahr sind die kognitiven Fähigkeiten deutlich fortgeschritten, was die Entwicklung strukturierter Konfliktformen erleichtert, bis hin zu einem vehementen verbalen Schlagabtausch, der vorher so nicht möglich war. Die Kinder sind nun in der Lage, reversibel und symbolisch zu denken. Sie nehmen die Standpunkte anderer Menschen daher besser wahr und verstehen, dass auch gemeinsame Interessen existieren können.
Über eine Einigung sollte daher richtig verhandelt werden. Übereilte und von der Gelegenheit diktierte Schlichtungsversuche sind zu vermeiden.

Meiner Ansicht nach ist es für Erwachsene überaus wichtig, sich mit dem eigenen Verhältnis zum Thema Streit auseinanderzusetzen: mit der persönlichen Geschichte, der Bildung, die wir durchlaufen, und der Erziehung, die wir verinnerlicht haben, mit den wunden Punkten. Anderenfalls besteht die Gefahr eines großen und sehr riskanten Durcheinanders. Werden schuldbehaftete Konflikterfahrungen nicht angemessen aufgearbeitet, dann fließen sie in unser Verhalten ein. Fällt es uns zum Beispiel schwer zu erkennen, wann wir uns widersetzen, wann wir konsequent bleiben oder wann wir Konflikte deutlich ansprechen müssen, dann sind die beschriebenen Erfahrungen im Spiel. Sie beeinträchtigen außerdem unsere Fähigkeit, Konflikte zum Lernanlass zu machen. Uns packt dann insgeheim eine mit Kindheitserlebnissen zusammenhängende Angst: Wir könnten ja eventuell Nervensägen sein, mit denen man nicht zusammenleben möchte, Menschen, die sich nicht an die Regeln halten, die unfähig zum Miteinander sind. Alles Sätze, die wir selbst als Kinder bei Streit zu hören bekommen haben. Wir laufen Gefahr, sie unfreiwillig zu wiederholen und damit einen Mechanismus ohne jegliches Veränderungspotenzial zu entwickeln.

3 Kinder als Erziehungsverbündete

3.1 Kinder sind kompetent: die entwicklungspsychologische Forschung zur Konfliktfähigkeit

In den letzten 50 Jahren haben verschiedene wissenschaftliche Studien unterschiedlicher Forscher deutlich gezeigt, dass Kinder über Kompetenzen verfügen: über Wissen, Werte und Beurteilungskriterien, die ihnen als konkrete Richtschnur dienen und es ihnen ermöglichen, selbstständig und effizient zu lernen.

Trotz dieser eindeutigen Erkenntnisse über psychologische und kognitive Kompetenzen sehen wir Erwachsenen uns tendenziell im Zentrum kindlicher Lernprozesse. Ganz so, als wären Kinder unbeschriebene Blätter und als läge es an uns, ihnen das nötige Wissen für ihre menschliche und soziale Entwicklung einzuprägen.

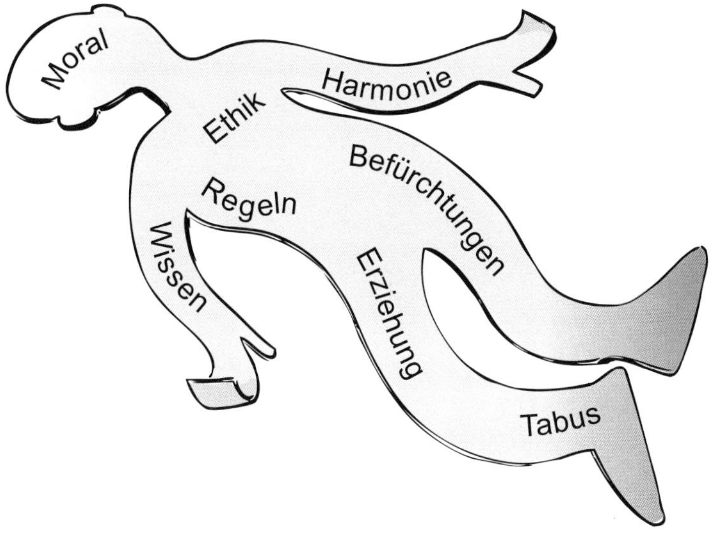

Ohne Zweifel haben Erwachsene eine fundamentale Bedeutung für kindliche Lernprozesse. Dabei spielen aber weniger Kontrolle und Vorgaben eine Rolle als vielmehr unser Verhalten, durch das wir Erwartungen vermitteln und die Kinder auf nicht immer bewusste Weise prägen. Effiziente Lernprozesse haben daher nicht in erster Linie etwas mit Wissensvermittlung, sondern mit den Lernbedingungen zu tun.

Wie bereits im zweiten Kapitel angesprochen, bin ich der Ansicht, dass Kinderstreit eine der letzten Bastionen der schwarzen Pädagogik ist, jener Ansätze also, die Kindern die Fähigkeit absprechen, selbstständig zu handeln. Kontrolle, Korrekturen und Schikane durch die Erwachsenen werden damit legitimiert. Theoretisch haben wir diese Erziehungsansätze heutzutage hinter uns gelassen, in der Praxis und im Verhältnis Erwachsener – Kind sind sie jedoch noch stark präsent. Kindlichen Lernprozessen ist das nicht förderlich, im Gegenteil, es behindert sie.

Zahlreiche Studien zur pädagogischen Psychologie haben gezeigt, dass Kinder kompetent mit Konflikten umzugehen wissen. Vorreiter waren etwa Felice Carugati von der Universität Bologna und Clotilde Pontecorvo sowie Anna Oliverio Ferraris von der Universität Rom: In den 1980er-Jahren sind sie mit unterschiedlichen Arbeiten, Studien und methodischen Ansätzen zu dem Ergebnis gekommen, dass Kinderstreit ein wichtiger Antrieb der kognitiven Entwicklung und Neustrukturierung ist, sowohl auf persönlicher als auch auf sozialer Ebene. Unter Streit verstand man hier vorwiegend verbale Interaktion (siehe Carugati 2009; Pontecorvo und Ajello 2004; Oliverio Ferraris 2004). 1988 erschien wiederum eine Studie Silvia Boninos von der Universität Turin zum Aggressionsverhalten bei Konflikten von Kindern im Alter von 18 bis 36 Monaten. Die Autorin kam zum Ergebnis, dass „ein Kind seine Fähigkeit zur Konfliktlösung bereits sehr früh entwickelt und dass diese kreative Kompetenz eng mit dem pädagogischen Handeln der Erwachsenen zusammenhängt" (Bonino 1988, S. 86–90). Es wurde eine direkte Korrela tion festgestellt:

Hinweis

Greifen die Erwachsenen in der erzieherischen Praxis in Konflikte ein, dann hat dies einen proportionalen Anstieg der Streitigkeiten zur Folge.

In jüngerer Zeit hat Laura Bonica vom Institut für Psychologie der Universität Turin in einer Forschungsarbeit gezeigt,

> *inwiefern das Prinzip der Gegenseitigkeit in zwischenmenschlichen Beziehungen Grundlage für jede Form von Kommunikation ist. Unabdingbar ist diese Gegenseitigkeit vor allem bei konfliktbeladener und/oder bei asymmetrischer Interaktion, bei der es ein Gefälle zwischen den Beteiligten gibt. Nur so kann sichergestellt werden, dass alle wirklich über dasselbe Problem sprechen und nur so kann derjenige, der in diesem Moment mehr weiß, tatsächlich Informationen an den anderen weitergeben, der weniger weiß. […] Es wurde beobachtet, dass Kinder Verletzungen des Gegenseitigkeits-Prinzips schon ab einem Alter von 15 Monaten registrieren und dass sie dank der artspezifischen Ähnlichkeit in der Lage sind, die Reziprozität auch ohne Eingreifen der Erwachsenen wiederherzustellen. […] Die vorgestellten Untersuchungen legen die Annahme nahe, dass eine von harmonischem Gleichgewicht und von Kausalzusammenhängen ausgehende Versuchsanordnung nicht beliebig übertragbar ist. Die Bedingungen sind zu spezifisch und in der pädagogischen Praxis in dieser Form nicht gegeben. Außerdem geraten bei einer solchen Anordnung andere Ansätze aus dem Blick, die auch unvorhersehbare Abläufe für möglich halten und auf diese Weise nachvollziehen, inwiefern Kinder selbst in der Lage sind, die sozial-kognitive und die sozial-emotionale Sphäre miteinander zu verknüpfen (Bonica 2009, S. 51–99).*

Auch der amerikanische Soziologe und Verhaltensforscher William A. Corsaro hebt in seinem Buch *„We're Friends, Right": Inside Kids Culture* deutlich hervor, dass Konflikte bei interagierenden Peers oft dazu dienen, Beziehungs- und Gruppendynamik zu erproben.

> *Unsere vergleichende Untersuchung zu Konflikten, zu Auseinandersetzungen und zu Abläufen in Freundschaften im Vorschulalter zeigt, wie derartige Prozesse zur Entstehung und zur Weiterentwicklung der Peerkultur beitragen. Betrachtet wurden drei kulturell unterschiedliche Umgebungen. […] Im Ganzen gesehen zeigen diese Vergleichsdaten, dass Konflikte zur sozialen Organisation von Peergroups und zur Bestätigung spezifischer kultureller Werte beitragen, ebenso wie zur individuellen Ent-*

wicklung und zum Ausdruck der Persönlichkeit (Corsaro 2003, S. 217; übersetzt aus dem Italienischen von Judith Krieg).

Die Forschung hat inzwischen bewiesen, auch dank der hier präsentierten Experimente, dass Kinder tatsächlich fähig sind, ihre Konflikte selbst zu steuern. Unsere Studien haben außerdem gezeigt, wie Erwachsene bei Konflikten die Rolle eines Regisseurs übernehmen können, ohne direkt einzugreifen, und wie man diese Methode wirksam einsetzt, um Interaktion und Lernprozesse im Rahmen von Streitigkeiten anzuregen und zu fördern. Die Kinder werden dabei unterstützt, das Beste aus sich herauszuholen und sich selbst zu erziehen, sozusagen im Bund mit den Erziehungsberechtigten.

Dieser Nachweis, dass Kinder ihr Verhalten im Streitfall selbst steuern können, ist von entscheidender Bedeutung. Ich möchte hierzu eine wirklich beispielhafte Episode anführen, die mir eine Pädagogin während eines Fortbildungsprojektes zum Thema Kinderstreit erzählt hat.

Beispiel

Marius und Amir spielen im Pausenhof der Schule. Auf einmal bricht Streit aus und Amir bewirft Marius mit Tannenzapfen. Marius läuft sofort zur aufsichtführenden Lehrerin und erzählt, was passiert ist: „Frau Meier, Amir wirft Tannenzapfen nach mir." Die Lehrerin greift nicht ein, sondern antwortet Marius mit einer Gegenfrage: „Was können wir da machen?" Marius ist ein bisschen verwirrt, denn er ist daran gewöhnt, dass die Lehrerin eingreift und genau sagt, was getan wird. Er denkt ein bisschen nach und sagt: „Wir einigen uns", dann geht er direkt zu Amir, um die Situation zu klären. Daraufhin kommt er wieder zurück und bestätigt: „Frau Meier, wir haben uns geeinigt." Nun ist die Lehrerin doch besorgt, als wittere sie hier etwas, das nicht in Ordnung ist. Sie fragt zweifelnd: „Und was habt ihr ausgemacht?" Und Marius erklärt, was für ihn selbstverständlich ist: „Naja, Frau Meier, dass wir uns nicht mehr mit Tannenzapfen bewerfen!"

3.2 Die Funktion von Streit in den verschiedenen Entwicklungsphasen

Konflikte unter Kindern haben je nach Alter eine unterschiedliche Funktion. Wenn wir zwei Hundewelpen beim Spielen beobachten, bemerken wir sofort, dass die Konfrontation grundlegender Teil des Entwicklungsprozesses ist: Durch Interaktion und durch körperliches Kräftemessen lernen die Welpen sich und ihre Umgebung kennen. Die Abläufe bei der menschlichen Spezies ähneln denen der Tierwelt. Wenn wir dann noch berücksichtigen, dass die Kindheit der Menschen länger dauert als bei allen anderen Tierarten, müssen wir auch davon ausgehen, dass diese Formen des Vergleichens und der Auseinandersetzung über einen deutlich längeren Zeitraum anhalten.

Der englische Zoologe Desmond Morris, der bei der Untersuchung des menschlichen Verhaltens dieselben Maßstäbe anlegt wie bei anderen Tierarten auch, hat Folgendes beobachtet:

> *Solange das Kind noch sehr klein ist, bleibt sein soziales Spiel in erster Linie auf die Eltern gerichtet. Mit dem Älterwerden ändert sich das: Jetzt verschiebt sich der Akzent auf das Spiel mit anderen Kindern gleichen Alters; das Kind gehört nun zu einer „Spielgruppe". Und damit ist ein kritischer Punkt in seiner Entwicklung erreicht. Denn dadurch, dass bei dieser Begegnung mit Gleichaltrigen das Explorative ganz wesentlich beteiligt ist, hat sie weit in das spätere Leben reichende Auswirkungen. Das gilt*

selbstverständlich für alle Formen des Erkundens und Entdeckens in diesem zarten Alter: Wer als Kind die Musik oder das Malen nicht für sich entdeckt hat, wird als Erwachsener den Zugang zu diesen Künsten nur schwer finden. Die Begegnung von Person zu Person im Spiel jedoch birgt sehr viel mehr Schwierigkeiten in sich. […] Ein Mensch, der als Kind sorgsam gegen alle sozialen Kontakte innerhalb einer Spielgruppe abgeschirmt gewesen ist, wird als Erwachsener erleben müssen, wie schwer gehemmt er in den sozialen Wechselbeziehungen zu seinen Mitmenschen ist. […] Bei unserer Art werden Kinder, die von ängstlichen Eltern allzu behütet werden, dafür stets in ihren sozialen Kontakten als Erwachsene büßen müssen. Das gilt ganz besonders für Einzelkinder, bei denen das Fehlen von Geschwistern schon von Anfang an einen schweren Nachteil bedeutet. Falls sie den Prozess der Sozialisation, ihrer Einfügung in die Gruppe und die Gesellschaft, nicht in den Keilereien jugendlicher Spielgruppen erleben, werden sie für den Rest ihres Lebens scheu und introvertiert bleiben, die sexuelle Paarbindung wird für sie schwierig, wenn nicht unmöglich sein, und falls sie doch noch Eltern werden sollten, sind sie sicherlich schlechte Eltern (Morris 1968, S. 208–210).

Kinderstreit ist im Alter von ein bis sechs Jahren ein ganz natürliches Phänomen mit unterschiedlichen Ausprägungen. Konflikte hängen mit dem Forscherdrang der Kinder zusammen, die sich und die anderen kennenlernen und verstehen *müssen*, wie Zusammenleben funktioniert.

Bis zum sechsten Lebensjahr verfügen Kinder über die natürliche Fähigkeit, ihre Konflikte tendenziell selbst zu regeln, wobei sie allerdings ihren Körper einsetzen. Durch Konflikte lernen sie, und körperliche Auseinandersetzungen gehören dazu, auch und gerade, da der Körper vor allem für die jüngsten Kinder das zentrale Werkzeug im Lernprozess ist. Vor allem die sinnliche Komponente ist extrem wichtig. Leider tendiert unsere Gesellschaft seit einigen Jahren dazu, Sinneserfahrungen aus kindlichen Aktivitäten zu verbannen, was sich auch in der Erziehung niederschlägt: In gewissem Maße wird die Kindheit erzieherisch „desinfiziert“. Wir haben es mit fast künstlich wirkenden, überbehüteten und überbetreuten Kindern zu tun. Es ist jedoch fahrlässig, Kinder daran zu hindern, die Realität auch und insbesondere über ihre Körperlichkeit zu erforschen. Selbstverständlich müssen Kinder bei diesen Erkundungen auch auf ihre Grenzen stoßen und dazulernen. Wir liegen jedoch falsch, wenn wir befürchten, sie seien von Natur aus gewalttätig oder könnten es werden, weil sie gerne ihren Körper einsetzen.

Die Forschung zeigt, dass ein Kind unter drei Jahren sich oder andere noch nicht absichtlich verletzen kann. Ohne Frage kommt es vor, dass Kinder einander verletzen, aber dabei handelt es sich grundsätzlich um Unfälle, die auch als solche verstanden und behandelt werden sollten. Obwohl das Denkvermögen eines Kindes im Vorschulalter zweifellos schon interessante Wege geht, ist es dennoch begrenzt. Kinder in dieser Phase haben noch kein Bewusstsein davon, dass Handlungen umkehrbar sein, rückgängig gemacht oder wiederholt werden könnten. In seinen ersten Lebensjahren ist ein Kind beispielsweise noch nicht in der Lage, organisiert zu lügen in dem Sinne, wie wir es später verstehen. Das kindliche Denken hängt stark vom Zufall beziehungsweise vom Kontext ab und wird durch die konkrete Wahrnehmung begrenzt. Kinder sind nicht nachtragend: Mit vier oder mit fünf Jahren sind sie zum Beispiel nicht imstande, eine Rachehandlung zu planen, die sich auf einen Konflikt in der vorhergehenden Woche bezieht.

Was bedeutet das? Kinder machen demnach bis zum sechsten Lebensjahr beim Streiten nichts anderes, als ihre Beziehungen selbst zu regulieren. Erwachsene sind überrascht, wenn sie die natürliche und außergewöhnliche Fähigkeit zur Versöhnung beobachten, wie sie für dieses Alter typisch ist: Kleine Kinder denken opportunistisch, sie streben nach sofortiger Befriedigung. Zum Spielen braucht ein Kind die anderen, daher ist die Versöhnung nach dem Streit fast ein körperliches Bedürfnis.

In diesem Alter können Kinder durch Konflikte unterschiedliche soziale Kompetenzen erwerben. Vor allen Dingen bietet die Interaktion unter Gleichaltrigen die Gelegenheit, mit Frustration umzugehen, was sehr wichtig für die Entwicklung ist.

Ungefähr ab dem sechsten Lebensjahr denken Kinder dann nach und nach reversibel. Sie sind in der Lage, logische Operationen durchzuführen: Sie entwickeln Begriffe und Kategorien, setzen Dinge ins Verhältnis und erkennen Kausalzusammenhänge. Im Zuge dieses Prozesses können sie um das siebte Lebensjahr herum ihre Handlungen miteinander verknüpfen, koordinieren, von denen der Mitmenschen unterscheiden sowie eine Erklärung dafür bieten. Kinder sind nun außerdem in der Lage, ihre eigenen Denkprozesse und die der anderen zu analysieren, zu überprüfen und kritisch zu reflektieren.

In diesem Alter entsteht und entwickelt sich das Moralempfinden: Kinder beurteilen Handlungen nun auch nach den Beweggründen und nicht nur nach den Folgen. Gerechtigkeit hat für sie jetzt höchste Priorität, ein Begriff, von dem sie vorher, in der Phase der Triebbefriedigung, nur eine sehr verschwommene Vorstellung hatten. Kinder können einander nun absichtlich verletzen oder schädigen, vor allem dann, wenn sie bisher nicht gelernt haben, gut zu streiten. An diesem Punkt ist es daher notwendig, pädagogische Strategien einzusetzen und Kinder dabei zu unterstützen, eine inklusive Vorstellung von Gerechtigkeit zu entwickeln, die nicht darauf zielt, andere zu beseitigen. Das in diesem Alter vorherrschende Schwarz-Weiß-Denken führt sonst leicht zu einer sehr repressiven Vorstellung von Gerechtigkeit.

Ich möchte an die Ergebnisse einiger Studien erinnern (Shantz und Shantz 1982), die sich mit der Häufigkeit aggressiven Verhaltens bei Streit im Vorschulalter beschäftigen. Die Untersuchungen haben gezeigt, dass körperliche und verbale Angriffe bei Konflikten nur zu sehr geringem Prozentsatz (5 Prozent im Vorschulalter, 4 Prozent im Schulalter) zu den verwendeten Strategien gehören. Auch die Experimente zur Dialogtechnik, die wir in diesem Band vorstellen, verdeutlichen, dass mangelnde Gefühlskontrolle, im Sinne eines Unvermögens, mit Wut umzugehen, nur selten im Zentrum eines Streits steht. Manchen Kindern fällt es schwerer, ihre Emotionen zu zügeln, insbesondere wenn sie spezifische und nachgewiesene Schwierigkeiten in diesem Bereich haben. Dies ist jedoch selten der Auslöser des Streits.

Nach dem elften Lebensjahr nehmen Konflikte dominantere Züge an: Sie erschüttern bestehende Beziehungen und sind tatsächlich Anzeichen für Schwierigkeiten. Die Emotionen sind nun stärker und lebhafter als zuvor: Allianzen werden geschmiedet, Vergeltung und Rachestrategien ausgeheckt. Haben die Kinder beziehungsweise Jugendlichen nicht bereits gelernt, wie man gut streitet, dann können Konflikte nun schmerzliche und unangenehme Erfahrungen bereiten.

3.3 Wie Streit die Entwicklung der Kinder „schützt“

Streit als spezifische Erfahrung kann Lernprozesse in Gang bringen und eine ganze Reihe von Kompetenzen fördern, wie sonst keine andere Form zwischenmenschlicher Beziehungen. Auf einmal taucht an unserem Erfahrungshorizont ein Hindernis auf, ein abweichender Standpunkt, ein Widerstand, der sich unserem Willen und Handeln in den Weg stellt. Hier kommt der Überraschungseffekt ins Spiel, als wesentlicher Teil von Lernprozessen: Ein neuer Faktor muss integriert werden, damit Weiterentwicklung möglich ist. Ein innerpsychischer Konflikt kognitiver Natur bricht aus und bietet uns die Chance, dazuzulernen: zu lernen, wie wir mit den anderen zusammenleben, wie wir mit unseren Ressourcen umgehen, wie wir verhandeln und die Vielfalt der Standpunkte akzeptieren können. Dieser Prozess setzt jedoch voraus, dass wir in der Kindheit, also der Zeit entscheidender Prägungen, die Möglichkeit hatten, Konflikterfahrungen als etwas Normales und Positives zu erleben. Ein guter Streit fördert nämlich die Entwicklung von Kompetenzen, die meiner Ansicht nach eine „schützende“ Funktion haben: Sie helfen uns, wenn wir uns in der Welt bewegen.

Die Fähigkeit zur Selbstregulation: Wer mir Kontra gibt, lässt mich wachsen

Durch guten Streit können wir an erster Stelle die Kompetenz zur Selbstregulation entwickeln. Wir lernen dabei, Dinge auszuhandeln und in ihrem Kontext wahrzunehmen. Eine beispielhafte Situation: Ich bin in Eile, muss aber auf jeden Fall zum Supermarkt. Schnell suche ich dort alles, was ich brauche, doch an den Kassen stehen sehr lange Schlangen. Ich bin nervös, aber die Fähigkeit zur Selbstregulation erlaubt es mir, mit mir selbst in Verhandlung zu treten, über meine Eile, meine Beweggründe und alles, was in der aktuellen Situation passiert. Dieser Prozess hält mich davon ab, die Kassiererin beim ersten Anlass wütend zu beschimpfen.

Wer seine Impulse, Emotionen und Handlungen reguliert, ist nicht weiter passiv, sondern setzt einen inneren Prozess in Gang. Dieser Vorgang gleicht unsere Bedürfnisse und Interessen mit den Gegebenheiten ab und passt sie entsprechend an: Unser Handeln führt so schneller und effizienter zu zufriedenstellenden Ergebnissen. Kinder lernen also in einem gut geführten Streit, dass sie ihre eigenen Interessen mit denen der anderen in Einklang bringen müssen und wie sie das am besten tun. Wenn Kinder stattdessen überempfindlich und reizbar werden, wenn sie nicht einüben, auf konstruktive Weise mit ihrer Umwelt zu interagieren, dann wird sich dieser fehlgeleitete Lernprozess irgendwann gegen sie richten und sie als Erwachsene daran hindern, Dinge mit sich und anderen auszuhandeln. Ein sehr wichtiger Punkt, denn Kinder sind von Natur aus eher selbstbezogen, vor allem bis zum fünften oder sechsten Lebensjahr. Außerdem leben wir heute in einer stark narzisstisch geprägten Gesellschaft. Dies hat bei der Neuauflage des Standardwerks zur Diagnostik mentaler Störungen DSM-5 (*Diagnostic and Statistical Manual of Mental Disorders*) sogar zu einem ausgedehnten Streit unter den Experten geführt darüber, ob die narzisstische Persönlichkeitsstörung aufgenommen werden sollte oder nicht. Der in unserer Zeit vorherrschende Kult um das Image, die Erscheinung, die Verführung und die Manipulation ist sicher nicht förderlich für die Ausbildung starker und gefestigter Persönlichkeiten. Das Bild, das wir von uns vermitteln wollen oder sollen, entspricht keiner real existierenden Identität, dahinter steht kein wirklicher Zugang zu sich selbst, keine Kenntnis der eigenen Bedürfnisse und Interessen. Mit Blick auf Konflikte ist dies ein Problem: Personen mit leicht erschütterbarem Ego, wie es heutzutage immer häufiger bei Kindern und Jugendlichen auftritt, die ihre Fähigkeit zur Selbstregulation in der Kindheit nicht im Streit stärken konnten, laufen eher Gefahr, in Beziehungen eine übersteigerte Empfindlichkeit zu entwickeln. In der Folge kann es passieren, dass sie sich eine Parallelwelt aufbauen und in Depression oder Paranoia verfallen.

Die Fähigkeit zur Selbstregulation ist Teil einer antinarzisstischen Logik, durch sie bleiben wir in der Realität verankert. Mit ihrer Hilfe können wir auch die tiefer liegenden Strukturen einer Gemeinschaft regeln: Sie versetzt uns in die Lage, auf die Bedürfnisse und Interessen anderer Menschen zu reagieren, uns angemessen zu ihnen zu positionieren, Bindungen zu entwickeln und Netze zu bilden, um gemeinsam erfolgreich auf die Welt um uns herum einzuwirken.

Empathische Hinwendung zur Außenwelt: Perspektivwechsel vornehmen

Darüber hinaus lernen Kinder durch Streit, von sich selbst abzusehen und sich der Außenwelt zuzuwenden. Für ein Individuum gibt es nichts Besseres in persönlicher, psychischer, sozialer und zwischenmenschlicher Hinsicht als die Fähigkeit, die Welt aus verschiedenen Perspektiven zu betrachten. Eine starre, ausschließende, einseitige Position hindert daran, Situationen und Probleme erfolgreich zu meistern. Dies gilt besonders in unserer heutigen Welt, deren Komplexität und stetiger Wandel von uns verlangen, verschiedene Faktoren und Sichtweisen gleichzeitig wahrzunehmen. Kinder sind insgesamt enorm anpassungsfähig, und das betrifft insbesondere ihre Emotionen. Wenn sie Gelegenheit haben, ihr Einfühlungsvermögen in Konflikten zu aktivieren, durchlaufen sie wertvolle Lernprozesse. So wird eine andere Tendenz konterkariert, die ebenfalls typisch für Kinder ist: das dichotomische Denken, das die Welt nur in Schwarz-Weiß-Gegensätzen sieht. Die genannten Prozesse hängen mit unserer Fähigkeit zur Symbolisierung zusammen: Kinder entdecken auf diese Weise den Facettenreichtum der Wirklichkeit und der Erfahrung, deren vielfältige Möglichkeiten. Konflikte sind entscheidende Momente, in denen zwei Sichtweisen der Realität aufeinanderprallen. Wenn Kinder schon im jüngsten Alter durch Streit lernen, die Version der anderen anzuhören, wenn sie erkennen, dass Erfahrungen mehr als eine Lesart zulassen, dann entwickeln sie bedeutende Kompetenzen für die Wahrnehmung von Nuancen und für den Dialog über Standpunkte und Situationen.

Das alternativ-kreative Denken

Wenn Kinder „gut streiten" lernen, dann entwickeln sie drittens die Fähigkeit, kreativ und in Alternativen zu denken. Bei Erwachsenen haben wir häufig Befürchtungen registriert, Kinderstreit könnte zu Ungerechtigkeiten führen: Eines der Kinder könnte „unterdrückt" werden, insbesondere, wenn es darum geht, sich Dinge, Spielzeug oder Freunde zu teilen. Bei der Analyse des gesammelten Forschungsmaterials haben wir Folgendes entdeckt: Wenn zwei Kinder um eine bestimmte Sache streiten, dann gibt tatsächlich häufig eines der beiden nach. Dennoch sollte diese Reaktion nicht nur als „passives Erdulden" interpretiert werden, eine solche Lesart wäre sehr eng gefasst. Wer dem anderen das Feld überlässt, gibt nicht notwendigerweise auf. Häufig zeigt sich hier eher die Fähigkeit zum *aktiven Verzicht:* Ein Kind ist in der Lage, ein Hindernis zu erkennen, die Situation zu überdenken und einen anderen, vielleicht besseren Weg einzuschlagen. Es handelt sich also um die Kompetenz, kreativ vom bisherigen Handeln abzuweichen, Pattsituationen aufzulösen und sich der Suche nach neuen Gelegenheiten zu widmen. Entdeckungen und Befriedigung werden so anderweitig möglich.

Beispiel

Paul möchte seinen Spielkameraden davon überzeugen, sich ein Spielzeug zu teilen, doch das gelingt nicht. Schließlich sagt er: „Dein Spiel gefällt mir nicht! Ich suche mir ein besseres!" Indem Paul auf das Spiel „verzichtet", macht er sich auf die Suche nach etwas Interessanterem. Und nach einer Weile findet er etwas, das seinen Bedürfnissen eher entspricht. Er denkt also kreativ und setzt dabei bereits ziemlich entwickelte Strategien ein.

Lernen Kinder schon im jüngsten Alter, wie man gut streitet, dann können sie ihre gesamten kreativen Ressourcen einsetzen und damit experimentieren – Ressourcen, denen zweifellos ein größeres Potenzial innewohnt als bei Erwachsenen. Erlauben wir Kindern, sich auseinanderzusetzen und zu diskutieren, dann beobachten wir häufig, dass sie in der Lage sind, unerwartete Kompetenzen zu aktivieren und Lösungen zu finden. Sie besitzen außerdem ein gutes Gespür für die Problematik einer Situation.

Ohne Zweifel können wir beachtliche Lernprozesse fördern, indem wir Kindern erlauben, Streit als natürliche Erfahrung zu erleben, mit einer gewissen Leichtigkeit und vom richtigen Blickwinkel aus. Diese Lernprozesse helfen, die Entstehung der von mir so genannten *mangelnden Konfliktfähigkeit* zu verhindern, wie sie sonst im Erwachsenenalter auftreten kann.

Wie bereits erläutert, fehlt es Personen mit mangelnder Konfliktfähigkeit an Flexibilität, was sie daran hindert, zwischenmenschlich schwierige Situationen auf kompetente und konstruktive Weise zu meistern. Eine Person, die nicht mit Konflikten umgehen kann, greift dann möglicherweise auf Gewalt zurück. Wer in dieser Hinsicht Schwierigkeiten hat, berücksichtigt nicht, dass Wörter keine Taten sind, dass der *Logos* im Gegenteil den Konflikt verschiebt, weg von der Handlungsebene, dass er gewalttätiges Handeln ersetzt und Distanz dazu schafft.

Menschen können aus Konflikten lernen. Wir sollten schon Kindern die Möglichkeit dazu geben, denn ihre Kompetenzen entwickeln sich erst, unter anderem ihre natürliche Fähigkeit, mit anderen zu interagieren. Sie lernen kontinuierlich dazu, und auf viel effizientere Weise als im späteren Leben. Für uns bietet Kinderstreit in diesem Sinne eine wertvolle Gelegenheit: Wir können zum Aufbau einer künftigen Gesellschaft beitragen, in der die Menschen kreativ und verantwortungsvoll miteinander in Verbindung treten.

4 Die mäieutische Methode: vier Schritte zum guten Streit

4.1 Mäieutische Dialogtechnik und Lernprozesse

Die mäieutische Dialogtechnik (*mäieutiké* = griech. Hebammenkunst) übte schon immer eine Faszination auf das westliche Denken aus. Sokrates brachte seine Schüler durch geschicktes Fragen dazu, sich die in ihnen schlummernden Einsichten bewusst zu machen. In der Pädagogik traf diese Technik auf fruchtbaren Boden, hier wurde sie im Laufe der Zeit weiterentwickelt und um Bedeutungsebenen angereichert. Jean-Jacques Rousseau, Johann Heinrich Pestalozzi, Maria Montessori, Danilo Dolci, Paulo Freire: Über die Jahrhunderte hinweg hat eine ganze Tradition von Denkern, Erziehern, Pädagogen und Lehrern die Auffassung vertreten, der Mensch sei zugleich Ausgangspunkt, Motiv und Zweck seines eigenen Erkenntnisstrebens.

Die Mäieutik richtet sich gegen Ansätze, die Erziehung lediglich als institutionalisierte und systematische Vermittlung von Inhalten beziehungsweise Werten verstehen. Stattdessen stellt dieser Zweig der Pädagogik das Individuum ins Zentrum des Erziehungs- und Bildungsprozesses, mit seinen Erfahrungen, seiner Kreativität und seinem Innenleben.

Die Mäieutik bezieht sich auf das alltägliche pädagogische Handeln. Vor allen Dingen sollten Pädagogen die Fähigkeit entwickeln, Veränderungs- und Erkenntnisprozesse anzuregen, die von den Kindern selbst mitgetragen werden. Drei spezifische Merkmale charakterisieren den Ansatz:

- Erstens erscheint er den beteiligten Kindern plausibel.
- Zweitens hat er eine nachhaltige Wirkung.
- Drittens beruht er auf Gegenseitigkeit in den zwischenmenschlichen Beziehungen beziehungsweise der Kommunikation.

Diese Charakteristika erweisen sich als besonders effizient, wenn es darum geht, lernwirksame Mechanismen anzuregen und am Laufen zu halten. Die Besonderheiten der Dialogtechnik kommen in mehreren Schritten zum Tragen: Auf diese Weise sollen Kinder lernen, gut zu streiten.

Die genannten Merkmale haben sich bei der Konfliktbewältigung als besonders wirksam erwiesen. Warum ist das so? Wie bereits gesagt, sind konfliktbeladene Situationen und ihre Dynamik sehr subjektiv geprägt: Jeder von uns hat hierbei seine persönliche Toleranzschwelle. Im Laufe eines Tages erleben wir eine Vielzahl potenzieller oder tatsächlicher Konflikte, nehmen jedoch nur einen kleinen Teil davon wahr, je nach Gemütszustand oder Gesamtsituation. Manche Menschen reagieren sehr empfindlich auf Beleidigungen, bei ihnen reicht vielleicht schon ein einziger „Angriff", während andere gar nichts bemerken; manche Menschen sind sensibel bei einem bestimmten Thema oder einem Reaktionsschema, andere weniger. Diese äußerst subjektive Seite der Konflikterfahrung verbindet sich mit einem anderen Charakteristikum: Hinter einem Konflikt steckt seinem Wesen nach meist eine tiefer liegende Bedeutung. Nach außen hin ist häufig nur ein Vorwand erkennbar, der eigentliche, schwerwiegendere Teil hingegen bleibt verborgen. Es ist deswegen nicht zielführend, wenn wir in solchen Situationen Vorgaben machen oder eingreifen. Da wir es mit einer sehr subjektiven Erfahrung zu tun haben, kann in erster Linie die Person selbst innere Ressourcen und Strategien aktivieren, um dem Problem wirksam zu begegnen. Wir benötigen einen Ansatz, der Konflikte als Lernanlass und -aufgabe begreift und nicht als zu lösendes Problem. Nur auf diese Weise bekommen wir den wahren Kern der Situation zu fassen, nur so können wir ihn nachhaltig analysieren, ans Licht bringen und den Beteiligten ermöglichen, sich diesbezüglich auseinanderzusetzen.

Hinweis

Für Konflikte gibt es keine Lösung: Wenn wir uns auf die Lösung konzentrieren, beschäftigen wir uns letztendlich nur mit dem Vorwand der Konfliktsituation und laufen Gefahr, das eigentliche, verborgene Problem aus dem Blick zu verlieren. So lernen wir nichts dazu.

Die mäieutische Methode erlaubt uns, die Vorgänge in unserem Inneren mit den Ereignissen um uns herum abzugleichen. Sie hilft bei der Suche nach Strategien, die zu den eigenen Ressourcen passen und für die jeweilige Person langfristig wirksam sind. In diesem Sinne kann die Mäieutik einen besonders nützlichen und wirksamen Beitrag leisten. Ich denke an all die Situationen, in denen zwei Kinder streiten, vielleicht auch heftig, und ein Erwachsener dazukommt und sie ermahnt, Frieden zu schließen: „Los, vertragt euch, gebt euch die Hand!" Denken wir zum Beispiel an ein wütendes Kind, das sich ausgeschlossen fühlt, oder an ein Kind, das beleidigt und verletzt ist oder überzeugt davon, jemand anderes wolle es übertölpeln. Wie kann ein solches Kind Erleichterung finden, indem es seinem in diesem Moment sehr „fern stehenden" Gleichaltrigen die Hand gibt? Eine solche Geste ist überaus bevormundend. Liegt es nicht näher, dass wir diesen beiden Kindern helfen, sich gegenseitig als Vertreter ernst zu nehmender Interessen anzuerkennen, die jeweiligen Standpunkte zu klären und einen Weg aus der Situation zu finden, eigenständig und einvernehmlich?

Ich würde mir wünschen, dass die von mir vorgeschlagene Methode im oben genannten Sinne verstanden wird: Pädagogen sollten die Rolle der Hebamme für sich zurückerobern. In dieser Funktion dienen sie dem individuellen Lernprozess der Kinder, sie berücksichtigen die Eigenart jedes Kinderstreits und folgen einigen genauen Vorgaben. Dabei handelt es sich nicht um ein detailliertes Rezept, die Vorgaben umreißen die Rolle der Pädagogen nur. Sie sollten die Bedingungen dafür schaffen, dass Kinder Kompetenzen und Ressourcen aktivieren und selbstständig lernen. Die Kinder sind die Protagonisten. Die Erwachsenen übernehmen die Aufgabe eines Regisseurs, sie legen die Basis und unterstützen den Prozess, damit wirkliches Lernen stattfinden kann.

4.2 Der Pädagoge als Regisseur

Die bisherigen Ausführungen wollen den Erwachsenen nicht ihre Rolle im Kinderstreit absprechen, im Gegenteil. Die Aufgabe der Pädagogen wandelt sich: Sie sind nicht mehr diejenigen, die „sagen, was zu tun ist", sondern sie „bringen den Kindern bei, die Dinge selbst zu tun". Die mäieutische Technik weist ihnen also eine klare Rolle zu, nämlich die von Regisseuren.

Wir haben häufig erlebt, dass dieser Schritt nicht einfach ist, was uns die Pädagogen in den hier vorgestellten Gesprächen bestätigen.

Ich blicke nun auf fast dreißig Jahre Erfahrung und Forschung zu Kinderstreit zurück. In dieser Zeit habe ich auf unterschiedlichen Wegen nach einer Methode gesucht, die verschiedene Elemente durch pädagogisches Handeln miteinander verbindet:

- Da sind erstens die Rechte der Kinder.
- Da ist zweitens die soziale und pädagogische Instanz, die sich für die Kreativität und Lebendigkeit der Kinder einsetzt, für ihre Freiheit, sich auszudrücken und sie selbst zu sein.
- Und da sind drittens die konfliktbeladenen Inhalte, um die es bei Kinderstreit geht.

Ich konnte viele Beobachtungen und Erfahrungen machen und bin den Menschen dankbar, die mir dabei geholfen haben. So hat beispielsweise der Pädagoge Giuseppe Curti aus Correggio die Relevanz unseres Ansatzes erkannt und die Erzieherinnen in den Einrichtungen des Italienischen Kindergartenverbandes (*Federazione Italiana Scuole Materne*) im Jahr 2009 dazu ermuntert, die Methode unter meiner Aufsicht anzuwenden. Ich hatte damit bereits in Albino gearbeitet, außerdem in Schulen in den Abruzzen und in der Region Trient. Hinzu kam die Arbeit in den Kindergärten „Doremi baby“ in Mailand und in vielen anderen Einrichtungen in Italien und anderswo – wir haben die Methode auch in die Schweiz und in den Kosovo gebracht. Eine der größten Schwierigkeiten hat uns bei all diesen Erfahrungen eben gerade die Rolle der Pädagogen bereitet. Das Problem liegt darin, dass die mäieutische Methode einige eingeschliffene Mechanismen aus den Angeln hebt und damit die Sicht der Pädagogen auf sich selbst und ihre Aufgabe verändert. Es ist nicht einfach, das erfolgreich zu akzeptieren und umzusetzen. Ich erinnere mich an eine Schulung zum Thema Kinderstreit, bei der ich die Lehrkräfte davon überzeugen wollte, die Rolle des Regisseurs beizubehalten und nicht direkt in Kinderstreit einzugreifen. Dafür gab ich ihnen eine andere, aber zweckdienliche Aufgabe: Sie sollten die Auseinandersetzungen der Kinder ihrer Klasse schriftlich festhalten. Somit waren sie mit ihrer Beobachterrolle beschäftigt und konnten bei Streitigkeiten nicht direkt intervenieren. Um die Ereignisse aufzuzeichnen, mussten sie notwendigerweise

„außen vor“ bleiben. Als wir dann gemeinsam die Berichte von Streitigkeiten in den Klassen lasen, wurde schon bei dieser Gelegenheit deutlich, dass die Kinder in den meisten Fällen alleine klargekommen waren, zur Überraschung der Lehrkräfte.

Doch was versteht man bei der Lenkung von Kinderstreit nun unter Regie im mäieutischen Sinne? Hauptsächlich geht es darum, nicht zu vergessen, dass die Kinder die Protagonisten sind. Der Regisseur steht hinter dem Film, er ist die einzige Figur, die selbst nicht darin auftaucht. Die Akteure des Prozesses sind die Kinder: Die Erwachsenen können die Bühne für sie vorbereiten und ihnen dabei helfen, sie selbst zu bespielen. Wir dürfen dies jedoch nicht missverstehen und naiverweise glauben, wir müssten nichts tun und könnten das Handeln ganz den Kindern überlassen. Die Pädagogen gehen methodisch vor, ihre Aufgaben und ihre Rolle sind klar umrissen, sie folgen einem Konzept, einer Strategie und einer Logik und verfügen über geeignete Instrumente zur Umsetzung.

Das von mir vorgeschlagene erzieherische Vorgehen basiert auf vier Phasen, die ich „zwei Schritte zurück“ und „zwei Schritte vorwärts“ genannt habe. Wie alle pädagogischen Methoden zielt auch die Mäieutik darauf ab, alles im Dienste der Kinder so einzurichten, dass diese daraufhin selbst handeln können. Jeder methodische Vorschlag richtet sich in erster Linie an die Pädagogen und bietet ihnen Handwerkszeug, das zur Organisation und Vorbereitung kindlicher Lernprozesse beiträgt.

Bei unserem Thema ist es jedoch notwendig, zunächst hervorzuheben, was die Pädagogen alles gerade nicht machen sollten. Dies erleichtert es ihnen, bei Kinderstreit eine angemessene Position einzunehmen, nämlich die bereits angesprochene Rolle eines Regisseurs.

Konkret geht es um drei Aufgaben:

- Die Pädagogen sollten erstens die räumlichen und zeitlichen Voraussetzungen schaffen.
- Zweitens sollten sie die Kinder dabei unterstützen, sich gegenseitig zuzuhören.
- Und drittens sollten sie zulassen, dass die Kinder selbst eine Einigung suchen und möglicherweise finden.

Eine der wichtigsten Aufgaben der Erwachsenen bei Kinderstreit ist es, die räumlichen und zeitlichen Bedingungen so zu gestalten, dass die Kinder ihren Streit offen austragen können. Die Pädagogen sollten innehalten, die Situation erfassen und den Kindern die Gelegenheit bieten, den Streit wie in Zeitlupe zu betrachten, um mögliche Auswege zu finden. Dieses Vorgehen sollte zum Ritual werden: Es geht darum, einen Streit zu erkennen und als solchen zu akzeptieren. Die Streitigkeit sollte in ein stimmiges Gerüst aus Gesten und Handlungen eingebettet werden, das einerseits den Konfliktablauf unterstützt und gleichzeitig die Bindung der beteiligten Personen formt und stärkt. Rituale sind Symbole, die von engen Bindungen zwischen Menschen zeugen. Wenn wir Rituale für Konfliktsituationen finden, dann erkennen wir damit auch an, dass zwei streitende Kinder einen wichtigen Moment durchleben. Beim Streiten lernen sie, wie sie eine konstruktive, auf Gegenseitigkeit gründende Interaktion gestalten, einen Austausch, der die Basis für menschliche Beziehungen legt.

Pädagogen sollten eine genau definierte räumliche und zeitliche Struktur schaffen, ohne spontane Ratschläge, Hinweise, Urteile oder Anordnungen. Eine Struktur aus präzise gesetzten Schritten.

Die zweite Aufgabe besteht darin, die Kinder beim gegenseitigen Zuhören zu unterstützen und zu verhindern, dass sich eine der beiden Parteien einfach in den Vordergrund drängt. Ziel ist ein Dialog, in dem alle Kinder einander ihre jeweilige Version der Geschichte erzählen und auch zuhören. Die Erwachsenen müssen also ebenfalls ihre Kompetenz als Zuhörer beweisen und beobachten, was geschieht, um es im Gespräch zurückzuspielen. Die Pädagogen sollten dabei eine Haltung „empathischer Neutralität“ einnehmen: Sie müssen lernen, mit „inneren Allianzen“ umzugehen. Im besten Fall bleiben sie unbeteiligt und ergreifen nicht einmal innerlich Partei. Gleichzeitig müssen sie jedoch bemerken und verstehen, dass die Streitenden leiden, dass sie wütend sind und sich schlecht fühlen. Nur so können sie den Erfahrungen aller Beteiligten gerecht werden und ihnen die nötige Würde zugestehen.

In einem letzten Schritt sollte der „Regisseur“ die Kinder selbst eine Einigung suchen und möglichst auch finden lassen. Er muss ihnen vertrauen. Schenken wir einem Kind Vertrauen, dann befördern wir wirksame Veränderungs-

und Entwicklungsprozesse. Nach und nach werden die Kinder lernen und verinnerlichen, wie sie selbst ihre Streitigkeiten steuern können. Wir müssen nicht besorgt sein, wenn sie am Ende keine Einigung finden: Es geht hier nicht unbedingt um ein konkretes Ergebnis. Die positive Wirkung der Methode hängt vielmehr mit dem Prozess zusammen, den sie in Gang setzt.

4.3 Der erste Schritt zurück: nicht mehr nach dem „Schuldigen“ suchen

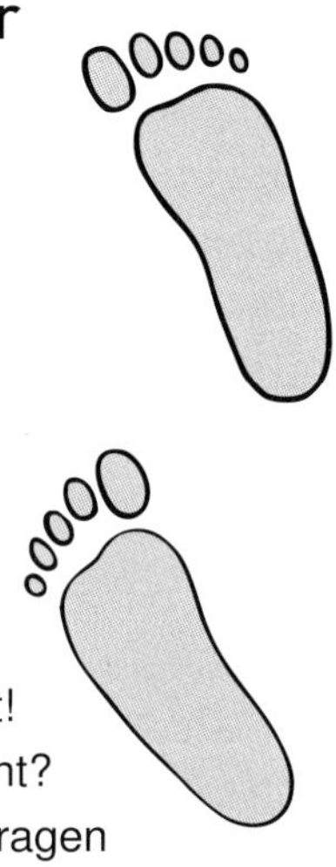

Hinweis

Es gibt keine Schuldigen, Streit hat nichts mit Schuld zu tun, sondern bietet Gelegenheit, das Zusammenleben zu erlernen.

Dieser Satz spricht einen zentralen Punkt unserer Methode an. Normalerweise greifen Erwachsene in Kinderstreitigkeiten ein und sagen Dinge wie: „Hört sofort auf damit! Wer war das? Wer hat angefangen?!“ Wer ist im Unrecht? Wer ist im Recht? Wir haben es hier mit inquisitorischen Fragen zu tun, mit dem Erbe einer unterdrückenden Pädagogik. Dahinter steckt die Angst der Erwachsenen, sie könnten die Kontrolle über die im Kinderstreit freigesetzte Energie verlieren. Der Ursprung der inquisitorischen Fragen lässt sich nicht mehr zurückverfolgen. Ihr einziges Ziel jedoch ist es, einen Verantwortlichen zu finden, einen Schuldigen zu bestrafen. Dabei wird vorausgesetzt, Streit sei ein wilder, böser und falscher Vorgang, der notwendigerweise mit etwas wie Schuld verbunden sein müsse.

Ein solcher Ansatz hat schwerwiegende Folgen und ist grob fahrlässig, insbesondere in moralischer Hinsicht und mit Blick auf das Selbstwertgefühl: Kinder werden dadurch in der Vorstellung bestärkt, Streit sei lästig und falsch und in jedem Fall etwas, das Erwachsenen missfällt.

Paradoxerweise wollen Kinder, zumindest bis sie zehn Jahre alt sind, Dinge tun, die Erwachsenen gefallen: Das liegt in ihrer Natur. Kinder hängen von den Erwachsenen ab und nehmen sie in allem als Vorbild. Erst kurz vor der

Pubertät beginnt der lange Prozess der Ablösung. Die grundsätzliche Abhängigkeit der Kinder birgt Verantwortung für die Pädagogen: Sie müssen ein Netz erzieherisch bedeutsamer Orientierungspunkte knüpfen. Kinder sind Erwachsenen gegenüber von Natur aus eher unvoreingenommen und positiv eingestellt. Sie widersetzen sich nur, wenn ein solches Verhalten sich in irgendeiner Weise vorteilhaft auf ihre Beziehung zu den Erziehungsberechtigten auswirkt. Widerspruch ist kein natürliches, im Kind angelegtes Verhalten. Eine solche Reaktion hat stets etwas mit dem Verhältnis zu den Erwachsenen zu tun. Wir sollten uns daher davor hüten, alle kindlichen Verhaltensweisen zu pathologisieren, wie es heutzutage gerne gemacht wird. Stattdessen geht es darum, von Urteilen abzusehen und zu beobachten, was vor sich geht. So können wir möglicherweise verstehen, warum ein Kind bestimmte Verhaltensweisen an den Tag legt und welche Vorteile es daraus zieht.

Dies ist umso bedeutsamer, als die Abhängigkeit der Kinder und ihr Wunsch, den Erwartungen – vor allem den unausgesprochenen – nachzukommen, einen folgenreichen Kreislauf in Gang bringen: Kindern gelingt es dadurch nicht mehr, ihre Handlungen auf natürliche Weise selbst zu steuern. Sie aktivieren alle Sensoren, um herauszufinden, was die Erwachsenen von ihnen erwarten und „verlangen“. Auf diese Weise entsteht eine Dreieckskonstellation: Kinder streiten nun nicht mehr untereinander, sondern spielen über Bande. Ihr Streit richtet sich an einen Erwachsenen. Sie verfolgen also eine bestimmte Strategie, die den Erwachsenen mit ins Spiel bringt und zum Richter macht, der über Richtig und Falsch entscheidet.

In diesem Sinne ist die Suche nach dem Schuldigen eine folgenreiche Intervention und sogar gefährlich, da sie die psychische Unbefangenheit verfälscht, mit der Kinder ihre Streitigkeiten regeln.

Wie bereits erwähnt, ist die Suche nach einem Schuldigen noch aus einem anderen Grund gänzlich unnötig: Im Kinderstreit können wir so gut wie nie herausfinden, bei wem die Schuld liegt, und oft gilt das auch für Streit unter Erwachsenen. Häufig haben die Pädagogen es mit Trittbrettfahrern zu tun. Es ist überaus schwierig, die Ereignisse zu rekonstruieren und zum eigentlichen Auslöser, zu den Beweggründen, Bedürfnissen und jeweiligen Interessen vorzustoßen, die hier im Spiel sind und am Ursprung der Auseinandersetzung stehen. Manchmal erinnern sich nicht einmal die Beteiligten daran, wie es eigentlich zum Streit gekommen ist. Selbst in Fällen, in denen Gerechtigkeit wiederhergestellt werden könnte, wäre dies eine wirklich undankbare Aufgabe. Besser, wir konzentrieren uns auf die Kinder.

4.4 Der zweite Schritt zurück: keine Lösung diktieren

Hinweis

Beim Streiten gibt es keine genau passenden Antworten. Aber wir können die Situation lenken.

Die Suche nach einer Lösung: Auch in diesem Fall haben wir es mit einer atavistischen Logik zu tun, die der Angst entspringt – Angst vor Kontrollverlust, vor zerstörter Harmonie, davor, dass jemand leidet. Erwachsene befürchten, dass Kinder in einer Auseinandersetzung nicht allein zurechtkommen. Negative Gefühle tauchen auf, die wie beschrieben oft auf die Kindheit der Pädagogen zurückführbar sind. Wir verlieren den Überblick, da uns die Furcht beherrscht, der Streit könnte in Gewalt ausarten und bedrohliche Formen annehmen. Die uns anvertrauten Kinder könnten sich vielleicht verletzen. Diese Angst legitimiert dann, dass wir uns einmischen und Zwang ausüben, wobei wir es als notwendig erachten, den Kindern die Lösung des Problems vorzugeben.

Die mäieutische Methode hingegen folgt einer anderen Logik, nämlich der einer Aufgabenstellung. Streit wird hier als Aufgabe gesehen, der sich die Kinder widmen können und die ihnen dabei hilft, etwas über sich, über ihre Freunde und über ihre Altersgenossen zu erfahren, genauso wie über Prozesse in Beziehungen und in der Gesellschaft. Eine Aufgabe, die es möglich macht, persönliche Ressourcen zu entwickeln und kreative Energien zu aktivieren. Auf diese Weise können rein instinktive und archaische Reaktionsmuster überwunden werden.

Wenn Pädagogen in einem Kinderstreit eine Lösung vorgeben, handelt es sich im Wesentlichen um nichts anderes als eine Vorschrift, um eine erzwungene Einigung, die in der Situation für Ruhe sorgen, vor allem aber die Erwachsenen selbst beruhigen soll.

Beispiel

Zwei Mädchen streiten um ein Spielzeug, sie möchten beide dieselbe Puppe haben. Es gibt eine Reihe stereotyper Verhaltensweisen, die Pädagogen oder Eltern in einer solchen Situation gewöhnlich an den Tag legen: Sie versuchen die Kinder zum gemeinsamen Spiel zu bewegen. Sie nehmen die Puppe weg oder zwingen die Kinder dazu, sie sich zu teilen. Sie greifen voraus und stellen zwei Puppen zur Verfügung, um den Konflikt zu vermeiden, oder sie besorgen eine zweite Puppe zum Ausgleich. Oder sie schreien: „Hört auf zu schreien!“ Diese Logik legt außerdem besonderen Wert auf Versöhnungsgesten: Die Kinder sollen sich umarmen, sich die Hand geben.

Bei der Suche nach einer Lösung und bei ihren Vorschriften mag es den Erwachsenen tatsächlich um Gerechtigkeit gehen, ihr Handeln mag auch unparteiisch erscheinen. Dennoch wird diese Art der Intervention wirkungslos bleiben, da die auferlegten Maßnahmen zum Scheitern verurteilt sind. Sie bremsen vielleicht den Streit aus, doch dieser wird ohne Weiteres neue und andere Formen annehmen oder Frustration und fehlgeleitete Lernprozesse zur Folge haben.

Beim Streiten stehen Kinder vor einer Aufgabe, sie müssen Verantwortung übernehmen. Die Logik der Methode, die wir präsentieren, will es den Kindern erleichtern, sich dieser Aufgabe zu stellen. Nur in diesem Sinne kann ein Streit tatsächlich gelöst werden. Wir unterstützen die Kinder dabei, innezuhalten und möglichst zu verstehen, was geschieht. Denn in jedem Kinderstreit steckt eine eigene Aufgabe, die es zu entdecken, zu respektieren und zu durchleben gilt – als Lernanlass und als Gelegenheit zur Weiterentwicklung persönlicher Kompetenzen.

4.5 Der erste Schritt vorwärts: die Kinder zum Dialog über ihren Streit anregen

Hinweis

Unterstützen wir die Kinder dabei, sich ihre jeweilige Version der Auseinandersetzung zu erzählen!

Dies ist ein wesentlicher Schritt. Meine Erfahrung mit Konflikten hat mich davon überzeugt, dass jeder Streit wie ein Eisberg ist: Nur ein kleiner Teil kommt an die Oberfläche, der Rest bleibt verborgen. Hinter einem Streit steckt auf die eine oder andere Weise immer etwas, das wir nicht sehen. Etwas Unterschwelliges, das aber nicht unbedingt bewusst ausgelassen wird: etwas, das den Streitenden eventuell selbst entgeht. Vielleicht verschanzen sich die Beteiligten auch auf übertriebene Weise hinter ihrer Position, oder sie wollen mit dem Kopf durch die Wand und haben den Bezug zu den tatsächlichen Beziehungsgegebenheiten verloren.

Im Gespräch können die Kinder stereotype Abläufe durchbrechen, jene leicht neurotischen und repetitiven Verhaltensweisen, die sich möglicherweise in ihrer Beziehung entwickelt haben. Dialog ermöglicht ihnen, die versteckten Anteile des Streits zu suchen. Unser Ziel ist, sie dabei zu unterstützen, die Version des jeweils anderen anzuhören, also das Gegenteil früheren pädagogischen Handelns: Es geht nicht darum, zwei Streitende zu trennen, zum Schweigen zu bringen oder das Thema zu wechseln. Während der traditionelle Ansatz ganz deutlich repressive Züge trägt, bezieht sich die Handlungsanleitung unserer Methode auf ein Muster, das etwas buchstäblich Paradoxes hat: Die Streitenden sollen ihre Version so deutlich wie möglich zur Sprache zu bringen, statt sie zu leugnen oder hinunterzuschlucken, weil die Erwachsenen keinen Streit wollen. Dialog hat eine emotional reinigende Wirkung: Bringen wir also die Kinder untereinander zum Sprechen! Einige Studien (siehe Romano 2012) haben gezeigt, dass wir emotionale Spannung abbauen und es auf gewisse Weise als erleichternd empfinden, wenn wir über unangenehme Gefühle und Schwierigkeiten sprechen und uns möglichst auch zugehört wird. Es ist Aufgabe der Erwachsenen, diesen Prozess zu unterstützen. Jedes Kind ist aufgefordert, ungefiltert auszudrücken, was vorgefallen ist. Je deutlicher es seine Gefühle zum Ausdruck bringt, desto besser.

Die Kinder sollen miteinander sprechen und sich gegenseitig ihre Version des Vorgefallenen erzählen beziehungsweise diese zeichnen oder niederschreiben. Hier kommen wir zum Herzstück unserer Methode, zum Kern ihrer Wirksamkeit: Wir möchten zur Beziehungsebene vorstoßen, um die es typischerweise in konfliktbeladenen Prozessen geht. Dafür tragen wir zum Abbau von Emotionen bei, zur Entladung von Wut, Trauer und anderen Gefühlen, die, wie wir wissen, nicht selbst den Konflikt ausmachen, sondern nur Anzeichen dafür sind, dass etwas nicht stimmt. Beim Sprechen entspannt sich eine Konfliktsituation in der Mehrzahl der Fälle nach und nach. Sicher, in der Anfangsphase, wenn es sehr emotional zugeht, wird der Streit manchmal noch heftiger, doch dann flacht er meist langsam ab und legt sich schließlich.

Die Erwachsenen nehmen hierbei eine neutrale, begleitende Rolle ein. Sie sind keine Richter und ebenso wenig überprüfen sie, ob die einzelnen Versionen der Realität entsprechen, da dies überhaupt nicht von Belang ist, insofern es nicht wieder um Kontrolle gehen soll. Ihre Aufgabe ist es vielmehr, die Abläufe im Blick zu behalten.

Dieser Schritt kann auf verschiedenen Wegen umgesetzt werden: mit Worten, aber auch mit symbolischen Elementen wie Zeichnungen oder noch besser mit kleinen Briefen, in denen jeder die eigene Version erzählt und sie dem anderen übergibt, angeleitet durch den anwesenden Erwachsenen, der diesen Prozess anstößt und unterstützt. Entweder liest der Pädagoge beide Versionen vor oder die Kinder lesen jeweils die Fassung des „Gegners“.

Aus offensichtlichen Gründen kann ein Briefchen erst ab dem sechsten oder siebten Lebensjahr zum Einsatz kommen und eine Zeichnung erst mit etwa fünf Jahren. Die Mittel werden von Fall zu Fall neu ausgewählt und bieten den Pädagogen Gelegenheit, Ressourcen und Kreativität zu aktivieren. Sobald die Kinder das entsprechende Alter erreicht haben, sind Briefchen eine hervorragende Methode, um emotionale Spannungen abzubauen.

Warum ist diese emotionale Reinigung so wichtig? Wollen wir einen Konflikt lenken, dann müssen wir vor allem die beteiligten Emotionen erkennen. Im nächsten Schritt geht es darum, die Kommunikation auf eine symbolische

Ebene zu heben, eben die der Sprache oder der Schrift. Ein Streit, der nur auf der Gefühlsebene abläuft, ist widersinnig: Es handelt sich dann lediglich um eine emotionale Explosion, nicht um einen Streit im eigentlichen Sinne. Sagen wir es so: Emotionen sind eine rote Warnlampe, sie sind Anzeichen für die Auseinandersetzung und die Spannung zwischen den Personen. Diese Indizien sollten sich aber im Dialog überprüfen lassen: „Erzählt einander, was aus eurer Sicht passiert ist!“ Kinder im Alter von drei oder vier Jahren streiten oft mit Körpereinsatz. Regen wir sie dazu an, Worte zu verwenden, dann fördern wir ihre Entwicklung. Um es mit Clotilde Pontecorvo zu sagen, die wiederum ein Kind zitiert: „Mit Worten kann man streiten, ohne sich zu verletzen.“ Es ist selbstverständlich, dass Kleinkinder eher mit dem Körper agieren, doch die Pädagogen können sie in ihrer Entwicklung unterstützen, hin zu eher symbolischem Handeln, wie es der Einsatz der Sprache darstellt. Auch wenn die Kommunikation nicht reibungslos funktioniert, ist der Austausch an sich von symbolischer Bedeutung: Auf diese Weise entsteht ein Prozess der Gegenseitigkeit.

Dieser Aspekt ist ein besonderes Merkmal der mäieutischen Dialogtechnik. Die wechselseitige Auseinandersetzung sorgt oft für Überraschungsmomente, und diese bisher unbekannten Situationen bieten die Gelegenheit, neue Kompetenzen zu entwickeln. Wenn Kinder angeleitet werden, sich auszutauschen, dann sind sie häufig ganz erstaunt über die Dinge, die zum Vorschein kommen. Denn tatsächlich bestätigen sich vorherige Annahmen nur selten, wenn erst einmal ein sozialer Kreislauf unter den Kindern oder auch zwischen den Kindern und den Pädagogen in Gang kommt. In diesem Sinne spielen Fragen eine wesentliche Rolle: offene, keine rhetorischen Fragen, Fragen, die herausfinden wollen, was vorgefallen ist, die anregen und es ermöglichen, wechselseitig Gefühle und Erfahrungen zu entdecken, die eigenen und die der anderen. Diese mäieutischen Fragen möchten wirklich etwas erfahren, es geht nicht darum, den anderen zu kontrollieren. Sie dienen dem Empfänger und helfen dabei, Probleme klarer zu sehen, die Ereignisse besser zu verstehen und neue Blickwinkel einzunehmen.

Und die Erwachsenen sind verantwortlich für diesen so wichtigen Akt: für den Dialog, der in der Auseinandersetzung zwischen Kindern entstehen kann.

Rituale helfen dabei, gut zu streiten. Die mäieutische Methode sieht daher vor, dass möglichst ein fester Ort gefunden werden sollte, an dem die Kinder ihre verschiedenen Versionen mündlich und schriftlich austauschen sowie die erzielten Abmachungen festhalten und aufbewahren können. Dies kann ein bestimmter Bereich des Klassenzimmers oder des Flurs sein, vielleicht auch des Schulhofs, eine Art „Konfliktecke", ein Teppich oder ein in irgendeiner Form abgetrennter Teil des Raums. Wir können unserer Kreativität hier freien Lauf lassen: Die Methode macht diesbezüglich keine besonderen Vorgaben – wir haben ganz unterschiedliche Beispiele für Konfliktecken gesammelt. Der Ort kann gemeinsam mit den Kindern ausgewählt und eingerichtet werden, zum Beispiel mit einer Zeichnung, auf der Gesichter zu sehen sind, Blumen, Herzchen oder alle möglichen anderen, den Streit symbolisierenden Dinge. Ein solcher Ort ist auch deswegen so hilfreich, weil er etwas Magisches hat und damit der Denkweise der Kinder entspricht. Ist die Konfliktecke einmal etabliert, dann übernimmt die Lehrkraft die Rolle des Vermittlers und Unterstützers, sie hilft den Streitenden dabei, ihre Standpunkte auszudrücken. Nach und nach werden die Kinder die Konfliktecke selbstständig nutzen, oft auch auf den Rat von Klassenkameraden hin. Sie werden erkennen, dass es sich um einen Ort handelt, den sie ganz für sich haben und an dem sie lernen, ihre Streitigkeiten unter sich zu regeln.

In der Konfliktecke können auch verschiedene Gegenstände deponiert werden, so zum Beispiel Zettel, zum Niederschreiben der verschiedenen Versionen und der Einigung, Filzstifte und Kugelschreiber, ein Wollknäuel (oder ein anderer Gegenstand, durch den klar wird, wer an der Reihe ist), der „Ordner der Einigungen", der die Zettel mit früheren Vereinbarungen enthält, möglicherweise ein Korb oder eine Schachtel, worin alles aufbewahrt wird.

Die hier vorgestellte Methode will zeigen, wie guter Streit möglich ist. Ihre zentrale Botschaft ist, dass jeder Beteiligte das Recht hat, seine Erlebnisse und Gefühle auszudrücken. Alle Versionen sind gleichwertig und gleichermaßen gültig. Um einen Streit zu lenken, müssen vor allem die damit einhergehenden Gefühle erkannt und die Kommunikation durch Wort und Schrift auf eine symbolische Ebene verschoben werden. Emotionen sind ein Indikator, wie eine rote Warnlampe weisen sie auf eine vorliegende Spannung, einen Widerstreit hin. Wollen wir Wut, Eifersucht, Frustration und Traurigkeit jedoch mitteilen und in den kommunikativen Austausch einbeziehen, dann müssen sie kanalisiert und auf eine Beziehungsebene umgeleitet werden. Die Konfliktecke bietet eine wunderbare Möglichkeit, Gefühle auf diese Weise zu regulieren.

4.6 Der zweite Schritt vorwärts: die Kinder bei ihrer Einigung unterstützen

Hinweis

Wir müssen zulassen, dass die Lösung der Kinder nicht immer unseren Vorstellungen entspricht. Wichtig ist aber, dass alle Beteiligten gleichberechtigt zu Wort kommen.

Es geht nicht darum, die Kinder zu einer Einigung zu drängen. Der erste Schritt vorwärts ist besonders wichtig: Vom Dialog hängt die wohltuende

Wirkung des Streits ab. Daher sollten wir in jedem Fall darauf beharren. Wenn wir gut gearbeitet und die Kinder die Fähigkeit entwickelt haben, miteinander zu sprechen, dann wird der nächste Schritt keine großen Schwierigkeiten bereiten: Die Einigung gelingt von selbst, die Kinder kommen alleine zurecht.

Wir befinden uns also an folgendem Punkt: Die Kinder hatten Gelegenheit, einander ihre Beweggründe zu erklären. Nun ist es wichtig, dass die Pädagogen neutral bleiben und die Erkenntnis befördern, dass alle Versionen oder zumindest alle genannten Gründe legitim sind. Keine Erklärung ist wichtiger als die andere, keine Aussage zieht den Kürzeren oder geht entwertet aus der Diskussion hervor.

Nach diesen Schritten sind die Kinder nun bereit dafür, die Dinge untereinander zu regeln, auch weil sie, wie wir gesehen haben, ihrer Natur nach zur Einigung neigen. Sind einige Kinder selbstbewusster und andere schüchterner, dann besteht die Aufgabe der Erwachsenen stets darin, ihnen beim Dialog zu helfen: Alle sollen sprechen und alle zuhören. Dies hilft auch dabei, stereotype Opfer-Täter-Schemata zu überwinden, wie sie traditionelle Ansätze vorgeben. Doch die Einigung muss nicht unbedingt durch einen perfekten Ausgleich zwischen den Parteien zustande kommen. Sie kann auch durch Verzicht erfolgen, ein bei spontan auftretenden Konfliktprozessen typisches Verhalten. Manchmal überlässt ein Kind dem anderen ein Spielzeug, das es eigentlich selbst wollte. Möglicherweise wird die Meinung des anderen in irgendeiner Form akzeptiert. Oder eines der Kinder nimmt eine versöhnliche Haltung ein und lässt der entschiedenen Position des anderen den Vortritt. Es kann auch zu etwas außergewöhnlichen Einigungen kommen: Kinder interpretieren Situationen anders als Erwachsene, da sie bis circa zum achten/neunten Lebensjahr noch zum magischen Denken neigen (Fonzi und Negro Sancipriano 1979). Möglicherweise einigen sich die Kinder auch gar nicht, vielleicht benötigen sie mehr Zeit und Abstand, um die Situation zu überdenken. Auch diesen Ausgang sollten die Erwachsenen zulassen.

Wenn wir der mäieutischen Methode folgen, bemühen sich die Kinder jedoch im Allgemeinen um eine Einigung und sind tatsächlich erfolgreich dabei. Dies wird durch die Forschung bestätigt. Zwei Merkmale des mäieutischen Ansatzes charakterisieren diesen Schritt zur Einigung:

- Der Ablauf sollte erstens für die beteiligten Kinder plausibel und nachvollziehbar sein.
- Zweitens ist klar, dass es um eine nachhaltige Wirkung für die jeweilige Person geht.

Auch wenn eine der beiden Parteien verzichtet, handelt es sich dabei um einen Prozess, der vom Kind selbst ausgeht. Dieses findet mithilfe seiner inneren Ressourcen einen Ausgleich, eine für es selbst in diesem Moment tatsächlich tragbare Lösung. Dem Kind gelingt es also, seine potenziell zur Verfügung stehenden Ressourcen auf kreative Weise einzusetzen, etwa innere und äußere Impulse miteinander zu verbinden. Dergestalt erfolgt ein entscheidender Schritt im Lernprozess.

In dieser Phase der Methode können wir die Abläufe begünstigen, indem wir im Klassenraum einen festen Platz einrichten, die bereits angesprochene Konfliktecke, an dem die Schüler sich einigen, und einen „Ort“, an dem die Einigung festgehalten wird: ein großes Heft, eine Schachtel, ein Stück Stoff oder andere Aufbewahrungsmöglichkeiten. In jedem Fall sollten die geschriebenen oder gezeichneten Dokumente offen zugänglich sein und so von zahlreichen Konflikten zeugen, in denen eine Übereinkunft gefunden wurde. Zur Aufbewahrung eignet sich ebenfalls die Konfliktecke.

Es ist wichtig, diese Vereinbarungen zu sammeln und aufzubewahren: Sie werden so zum greifbaren Zeichen dafür, dass Kinder autonom handeln und ihre Angelegenheiten selbst regeln können. Sie erinnern daran, dass „wir es geschafft haben!": eine ausgezeichnete Übung zur Stärkung des Selbstbewusstseins.

Nach und nach lernen die Kinder dann selbstständig dazu und wenden sich nicht mehr an die Erwachsenen. Ein Bewusstwerdungs- und Lernprozess setzt ein: Die Kinder erfahren, wie Zusammenleben funktioniert. Doch wann finden solche Prozesse statt? Eben gerade dann, wenn menschliche Beziehungen kritisch und komplex sind und wir dennoch weiter interagieren. Nicht oder nicht nur, wenn wir sowieso kooperieren und zusammenarbeiten, wenn man uns ohnehin zuhört. Das wäre doch zu leicht. Im Gegenteil, wir lernen genau dann mehr über das Zusammenleben und das soziale Miteinander, wenn die Umstände schwierig sind, wenn unterschiedliche Positionen die Zusammenarbeit untergraben. Eben in diesen Fällen ist die mäieutische Methode nützlich: Hier bietet sich uns die Gelegenheit, andere Positionen zu verstehen und sie zum Ausgangspunkt kreativer Prozesse zu machen. So schärfen wir unseren Blick nicht nur für die Unterschiede, sondern auch für die gemeinsamen Interessen und deren Entwicklungsmöglichkeiten.

5 Typologie des Kinderstreits

Dank der empirischen Forschung zur mäieutischen Methode, die wir im zweiten Teil dieses Buches vorstellen, konnten wir im Kindergarten und in der Grundschule einen kleinen „Schatz“ an Streitepisoden sammeln. Wir haben die Konfliktmechanismen unter Kindern beobachtet und aufgezeichnet anhand von 206 Episoden, 113 davon in der Grundschule und 93 im Kindergarten. Auf dieser Basis konnten wir eine sehr interessante Klassifikation vornehmen.

Die Untersuchungen haben unsere vorherigen Annahmen bestätigt: Im Kindergarten dient Streit den Kindern dazu, ihre Beziehungen untereinander zu regeln und auszuhandeln. Die Konflikte entstehen durch Frustrationserfahrungen, lösen sich aber meist ohne Probleme von selbst. In der Grundschule ist das bereits anders. Dort liegen den Streitigkeiten komplexere Mechanismen zugrunde, ihre Entwicklung und ihre Ergebnisse sind ebenfalls ausdifferenzierter. Auch hier führen meist Interessenkonflikte zum Streit, doch schon zu geringerem Prozentsatz. Hingegen steigt der Anteil an Streitigkeiten, in denen die Kinder „exhibitionistisches“ Schutz- oder Abwehrverhalten an den Tag legen, genauso wie die Zahl der Konflikte, in denen es um Regelverletzungen oder um Missverständnisse geht. Der Körper kommt weniger zum Einsatz: Kinder sind jetzt in der Lage, ihre Streitigkeiten verbal auszutragen. Dies führt auch dazu, dass sich Konflikte nun an Worten entzünden, was im Kindergarten viel seltener der Fall ist.

Überrascht haben uns in jedem Fall die Daten zur Gefühlsbeherrschung. Mangelnde Emotionskontrolle ist keine Hauptursache für Streit, und wenn doch, dann sind häufig Personen beteiligt, die bekanntermaßen Schwierigkeiten damit haben. Im Laufe eines Streits mag es schwerfallen, die Gefühle zu kontrollieren, doch nur selten bricht Streit aus, weil ein Kind nicht mit seinen Emotionen umgehen kann.

Dieses Ergebnis ist sehr interessant. Es bestätigt unsere Annahme, dass Gefühle und Konflikte zwei unterschiedliche Aspekte zwischenmenschlicher Probleme darstellen. Wollen wir eine Situation aus pädagogischer Sicht interpretieren, müssen wir die beiden Bereiche auseinanderhalten. Wir sollten zunächst beobachten und erkennen, was passiert, um darauf zu reagieren und eine sinnvolle und wirksame Handlungsstrategie zu entwickeln.

Als Ergebnis unserer Studien haben wir sieben verschiedene Streittypen dokumentiert:

1. *Mimesis:* Ich möchte etwas haben oder machen, das du hast oder machst;
2. *„Exhibitionistisches" Schutz- oder Abwehrverhalten:* Stichworte sind zum Beispiel Ehre, Beleidigungen, Schwachstellen (ich habe doch recht; sie machen sich über mich lustig);
3. *Zugehörigkeit:* Stichwort Gruppenbildung (meine Mannschaft hat immer recht);
4. *Missverständnis:* Vermutungen (ich vermisse einen Gegenstand, du hast ihn versteckt);
5. *Tyrannei der sozialen Rolle:* Stichworte Konformismus und starre Rollen (von außen vorgegebene Rollen oder solche, aus denen die Kinder keinen Ausweg finden);
6. *Ablaufkontrolle:* Stichwort Regeln;
7. *Mangelnde Gefühlsbeherrschung:* Unfähigkeit, mit Wut umzugehen.

Häufig löst nicht nur eine einzige Ursache den Streit aus, sondern ein Zusammenspiel mehrerer Dinge. Manchmal entsteht ein Konflikt in einer klar umrissenen Situation und weitet sich dann auf andere Ebenen aus. Wie bereits erläutert, bekommen wir bei einem Streit nur ein zufälliges Erscheinungsbild zu fassen. Auch bei unseren Studien können wir nur beobachten und aufzeichnen, was an die Oberfläche kommt. Sicherlich sind Kinder nicht nachtragend wie Erwachsene, sie sind nicht in der Lage, sich über längere Zeit an konfliktbeladene Erlebnisse zu erinnern. Aber dennoch sind auch bei Kinderstreit unterschiedliche Faktoren im Spiel, häufig auf einer unbewussten Ebene, beispielsweise, wenn es um soziale Rollen oder das Bedürfnis nach Zugehörigkeit geht. Je älter die Kinder, desto ausdifferenzierter sind außerdem die Beweggründe und die Formen des Streits. Entsprechend gewinnt die Rolle der Erwachsenen an Bedeutung: Inwieweit sorgen sie dafür, dass Konflikte zu Lernanlässen werden?

Hinweis

Bringen wir Kindern bereits früh bei, gut zu streiten, wird es später für sie und für uns einfacher, konfliktbeladene Situationen zu akzeptieren und erfolgreich damit umzugehen.

Wir werfen nun einen näheren Blick auf die unterschiedlichen Streittypen und sehen, welchen Einfluss die mäieutische Methode auf das Verhalten der Kinder hat.

5.1 Mimesis: warum Kinder einander nachahmen

Beispiel Kindergarten

In einer Kindergartengruppe spielen drei Kinder gemeinsam mit Bauklötzen. Luis bittet Alexander schließlich, ihm einen bestimmten Bauklotz zu geben: „Gib ihn mir doch!“
Alexander antwortet: „Hier hast du den“, und gibt ihm einen anderen. Luis bleibt hartnäckig und fragt weiter nach, aber Alexander tut so, als höre er nicht. Schließlich reißt ihm Luis den Klotz aus der Hand und sagt: „Siehst du, ich habe gewonnen.“ Das Spiel geht weiter, ohne dass Alexander reagiert.

Beispiel Grundschule

Zu Beginn der Pause entscheidet die Lehrerin, die Kinder aus Klasse 3 in den Hof zu schicken, und teilt es ihnen mit. Alle freuen sich und die Jungen beginnen zu diskutieren, wer in welcher Fußballmannschaft und auf welchem Platz spielt.
David sagt zu den anderen: „Ich bin heute Stürmer!“
Doch Paul widerspricht: „Nein. Du bist immer Stürmer, heute nicht schon wieder!“
Murat: „Ja genau! Außerdem gibst du nie den Ball ab, das ist ungerecht.“
Lukas: „Du bist in meiner Mannschaft, Murat!“
Anton: „Kann ich Torwart sein?“

David: „Nein, du bist zu schlecht."
Anton und Murat: „Du kannst nicht immer alles entscheiden! Die Kapitäne entscheiden!" Murat entschließt sich, zur Lehrerin zu gehen: „Frau Kaminski, die anderen geben mir nie den Ball ab." Lukas wiederum sagt: „Und ich darf nie entscheiden, mit wem ich spiele!"
Frau Kaminski: „Erinnert ihr euch, wie ihr sonst gespielt habt? Jeden Tag habt ihr reihum zwei neue Kapitäne bestimmt, sodass jeder mal Kapitän war. Und die Kapitäne wählen sich dann ihre Mannschaften."

Wir haben es hier mit zwei Beispielen für mimetisches Verhalten zu tun: Beim Streit im Kindergarten handelt es sich um einfache Nachahmung. Bei dem Grundschul-Beispiel imitieren die Kinder einander zunächst. Als sie sich an die Lehrerin wenden, nimmt das Geschehen dann auch stärker „exhibitionistische" Züge an. Die Kinder gehen dazu über, die Erwachsenen auf ihre „Opferrolle" aufmerksam zu machen.

Der Wunsch, andere nachzuahmen, bildet die Basis überaus wichtiger Lernprozesse. Die Entdeckung der Spiegelneuronen hat gezeigt, dass wir vor allem über Nachahmungsmechanismen lernen – indem wir also Gesten, Wörter und Verhaltensweisen imitieren (Rizzolatti und Vozza 2008; Rizzolatti und Sinigaglia 2006). Nachahmendes Verhalten ist daher bei Kindern sehr wichtig. Sie lernen auf diese Weise ganz einfach und unmittelbar.

In Fällen wie dem beschriebenen Kindergarten-Streit haben wir festgestellt, dass die Pädagogen häufig automatisch die vermeintlich Schwächeren verteidigen. Ein unabhängiger Beobachter des Streits kann hier keinerlei Problem erkennen: Beide Kinder haben die Beziehung ausgetestet und dabei unterschiedliche Positionen eingenommen beziehungsweise Stärken gezeigt. Wir können keine Übergriffe beobachten: Im Gegenteil, eine in diese Richtung weisende Interpretation wäre zumindest irreführend. Und doch kommt es bei solchen Vorfällen häufig vor, dass Pädagogen eingreifen und eines der Kinder ausschimpfen, auch aufgrund persönlicher Veranlagung. Im Hintergrund stehen hier vielleicht eigene Kindheitserlebnisse oder traditionelle, auf Schuldzuweisungen basierende Muster im Umgang mit Konflikten, wie wir sie beschrieben haben. Wir können an diesem Beispiel jedoch beobachten, wie die Kinder auf natürliche Weise Mechanismen entwickeln, mit denen sie ihre Beziehungen untereinander regeln. Greifen die Erwachsenen ein, dann blockieren sie diese Entwicklung. Außerdem kann es dazu kommen, dass die Kinder solche einfachen Auseinandersetzungen mit Schuld und negativen Gefühlen verknüpfen.

Wie bereits angemerkt: Dass Alexander nicht auf Luis reagiert, ist nicht notwendigerweise ein Zeichen für Schwäche oder Angst. Im Gegenteil. Mit Wahrscheinlichkeit hat Alexander festgestellt, dass er sich Luis auch erfolgreich widersetzen könnte. Daraufhin hat er ihm den Bauklotz überlassen. Sein Verzicht ist daher nicht passiv, sondern aktiv. Durch seinen „Spielzug“ hat Alexander mehr über seine Beziehung zu Luis gelernt und er hat entschieden, sich dem anderen zuzuwenden.

Beim Grundschul-Beispiel hingegen handelt es sich um eine typische Interaktion, mit der Kinder Rollen und Aktivitäten im Rahmen eines Spiels selbst aushandeln. Im beschriebenen Fall empfinden die Kinder die Situation als schwierig. Sie versuchen nicht, sich zu einigen, sondern wenden sich an die Lehrerin; vielleicht auch nur aus Gewohnheit, da sie lediglich diskutieren und es nicht zu Grenzüberschreitungen kommt. Dieser Schritt, der Appell an die Lehrerin, löst jedoch Mechanismen aus, die wir als „exhibitionistisches“ Schutz- oder Abwehrverhalten bezeichnen.

5.2 „Exhibitionistisches“ Verhalten: Krankheit unserer Zeit

Wir leben in einer Epoche, die in dieser Hinsicht kaum Vorläufer hat. Den Gesetzen der Bilder, der Erscheinung und der (Selbst)darstellung können wir nur mit Mühe entkommen. Medien, neue Technologien und Soziale Netzwerke ermöglichen es, die eigene Person auf immer wieder neue Weise zu inszenieren. Exhibitionismus und Konsumverhalten greifen immer stärker um sich, häufig geben dabei Markt und Marketing die Richtung vor. Im Rahmen der pädagogischen Beratung haben Eltern und Lehrkräfte mir oft von grotesken Situationen erzählt. Immer wieder hindert ihre Kleidung die Kinder daran, sich natürlich zu bewegen und die vielfältigen Handlungsmöglichkeiten ihres Körpers zu erproben. Hinter dem Wunsch, die entsprechenden Kleidungsstücke zu tragen, stecken Produktwerbung oder Eltern, die sich selbst dem Modediktat unterwerfen. Auch in einem Umfeld, in dem bequeme

Kleidung eigentlich die Regel sein sollte, wie etwa in Sportzentren, scheint eher modischer Exhibitionismus als der naheliegende praktische Verstand vorzuherrschen. Unter diesen Bedingungen wachsen unsere Kinder heutzutage auf: Wir müssen uns daher nicht wundern, wenn ihr Verhalten gegenüber Erwachsenen oft durch diesen Kontext geprägt ist (siehe Bakan 2012).

Außerdem versuchen Kinder, die Aufmerksamkeit der Erwachsenen zu erhalten. Dahinter steckt das Bedürfnis, die eigene Identität zu bestätigen und näher zu definieren. Wir haben es hier mit einem der größten Probleme unserer Zeit zu tun: Von außen auferlegte Rollen mit stark narzisstischer Prägung machen es schwierig, eine gesicherte und gut strukturierte Identität auszubilden. Darüber hinaus herrscht, auch im schulischen Umfeld, bei den Erwachsenen ein mütterliches Verhaltensmuster vor, dem entsprechend die Zöglinge beschützt und umsorgt werden. Unter diesen Umständen entsteht zwischen dem einzelnen Kind und dem verantwortlichen Erwachsenen häufig eine individuelle Dynamik: Die Pädagogen gehen auf ein überproportionales Bedürfnis nach Aufmerksamkeit ein und geraten damit in einen ausweglosen Kreislauf. Denn das nach Aufmerksamkeit heischende Kind gibt sich nicht zufrieden, im Gegenteil, sein Verhalten wird ja durch die Beziehung bekräftigt, die es zum Erwachsenen herstellt, wenn auch im negativen Sinne. Kinder sind unglaublich anpassungsfähig: Wenn sie herausfinden, auf welche Weise sie Aufmerksamkeit erhalten können, vielleicht eben gerade durch einen Streit oder eine Opferhaltung, dann entwickeln sie darin ein außerordentliches Talent.

In solchen Fällen spielt die mäieutische Methode eine besonders wichtige Rolle: Sie hilft dabei, Mechanismen auszuhebeln, die einerseits fest verankert, andererseits aber völlig unwirksam sind und nichts als Ängste schüren. Pädagogen können mit der Dialogtechnik auf die Bedürfnisse der Kinder eingehen, indem sie die Problematik einer Situation nicht ausblenden, sondern auf eine soziale Ebene, in die Kindergruppe, zurückspielen.

Hätte die Lehrerin beim oben beschriebenen Streit eingegriffen und die Rollen und Positionen des Spiels festgelegt, dann wären die Kinder höchstwahrscheinlich unzufrieden zurückgeblieben. Vielleicht hätte die Pädagogin zusätzlich riskiert, exhibitionistisches Verhalten bei einem der Schüler zu verstärken. Sie hat den Kindern jedoch im Gegenteil die Möglichkeit zurückgespielt, selbst Regeln aufzustellen und einzuhalten, und dieser Schritt war von fundamentaler Bedeutung. Die Jungen wurden an ihre frühere Entscheidung erinnert, die Mannschaften nach einem Rotationssystem zu bilden. Die Lehrerin hat die Schüler außerdem ermuntert, miteinander zu sprechen und ihre Standpunkte klarzumachen. Auf diese Weise haben die Jungen eine Einigung gefunden: Sie haben die Kapitäne des Tages ernannt und Mannschaften mit festen Rollen gebildet, die von allen akzeptiert wurden. Das Spiel konnte beginnen.

Doch nicht immer ist in solchen Situationen eine Einigung möglich.

Beispiel

Wir befinden uns in Klasse 2 einer Grundschule. Die Pause beginnt. Hannes und Andreas verlegen mit anderen Kindern die Gleise für die Spielzeugeisenbahn. Mit Bauklötzen bauen sie außerdem Brücken, Häuser und Kirchen. Von Anfang an sind die Kinder sich uneinig, wie die Gleise verlaufen sollen.

Andreas sagt zu Hannes: „Nein, das Gleis muss kürzer sein, hier soll der Zug abbiegen." Hannes: „Ich will aber, dass es lang ist, dann fährt der Zug geradeaus und wird ganz schnell." Andreas hört Hannes' Gedanken zu und antwortet nicht, das Spiel geht weiter. Andreas entscheidet, dass er eine Brücke bauen will, und zerstört die kurz zuvor von Hannes errichtete Kirche. Dieser reagiert sofort: „He, aber mach' nicht meine Sachen kaputt!", und fügt hinzu: „Frau Müller, er macht die Sachen kaputt, die ich gebaut habe!" Doch die Lehrerin hört ihn nicht und greift nicht ein. Das Spiel geht weiter.

Hannes verlegt weitere Gleise und sagt: „Hier dürfen nur die Leute vorbei, die für uns arbeiten!" Andreas fährt mit seinem Zug über die gerade von Hannes gelegte Strecke, der damit nicht einverstanden ist und widerspricht: „He, du kennst das Kennwort nicht, du arbeitest nicht für uns, du darfst hier nicht vorbei."

Andreas antwortet: „Die Strecke gehört allen und ich fahre hier lang!"

Das Spiel geht weiter. Die anderen Kinder sind zwar genervt, aber sie akzeptieren Hannes' Ideen, während sich Andreas widersetzt: „Aber du kannst nicht alles entscheiden, du bist hier nicht der Anführer."

Bis zur Pause unternimmt mal der eine, mal der andere einen Versuch, sich mit seinen Entscheidungen durchzusetzen.

Hier noch ein weiteres Beispiel für einen Streit mit „exhibitionistischen“ Ursachen, der aber dank mäieutischer Lenkung einen überraschenden und interessanten Ausgang genommen hat.

Beispiel

Wir befinden uns im Garten einer Grundschule, gegen Ende der Pause. Einige Kinder der dritten Klasse haben zu Hause gegessen und kehren nun zum Unterricht zurück. Sie treffen im Garten auf ihre Klassenkameraden. Anna nähert sich ihrer Freundin Marie. Sofort kommt es zum Streit.

Anna bemerkt, dass die Freundin beim Spielen die Rolle einer Comicfigur der „Monsters“ übernommen hat, die sie sonst selbst spielt. Anna sagt: „Du hast eine Minute Zeit, um mir zu erklären, was passiert ist.“

Marie antwortet: „Also, Alice wollte Laguna sein, Clara war sie hier [sie zeigt auf das Album, in dem die Figuren dargestellt sind] und weil du nicht da warst, war ich Kirby.“ Anna: „Die Zeit läuft ab.“ Marie: „Wenn du weg bist, kann ich auch dein Monster spielen!“ Anna antwortet: „Nein, das kannst du eben nicht!“ und geht weg.

Marie sucht nun Unterstützung bei den Klassenkameradinnen, sie geht zu ihnen und fragt: „Ihr findet doch auch, dass ich recht habe, oder? Anna war nicht da und ich habe Kirby gespielt und jetzt sagt sie, dass ich das nie machen darf. Aber sie kann ja wohl nicht immer entscheiden, wer was spielt.“

Die Freundinnen antworten: „Ja, das stimmt, du hast recht! Los, wir sagen das Anna.“

Sie gehen zu Anna und sagen: „Anna, du kannst nicht immer entscheiden, wer welches Monster ist. Du warst ja gar nicht da!“

Anna schaut Marie an und antwortet: „Jetzt hast du es auch noch allen anderen gesagt! Na toll, vielen Dank!“ Marie: „Du kannst nicht immer entscheiden, was ich machen soll!“

Anna geht weg.

Mittlerweile ist die Pause zu Ende und die Kinder kehren in den Klassenraum zurück.

Die Lehrerin hat durch einige Mädchen vom Streit zwischen Anna und Marie erfahren und ruft sie zu sich nach vorne: „Also Anna und Marie, kommt her und erzählt mir, was passiert ist.“

In der Konfliktecke (in der Klasse oder in einem Extra-Raum) werden die beiden Versionen nun auf Zettel geschrieben und vorgelesen. Dann sprechen die Mädchen darüber:
Marie: „Anna war nicht da und ich war ihr Monster, als ich mit Alice gespielt habe. Dann ist Anna zurückgekommen und wütend geworden, als sie gemerkt hat, dass ich das Monster war, das sonst sie spielt. Aber sie kann nicht immer für mich entscheiden."
Anna: „Ja, aber du kannst nicht der ganzen Klasse von unserem Streit erzählen. Außerdem musst du mir sagen, wenn du das Monster spielst, weil wir sie aufgeteilt haben."

Freiwillige Einigung
Die Lehrerin ermuntert die beiden nun, weiter miteinander zu sprechen und eine Einigung zu suchen. Die Mädchen setzen sich ausgiebig auseinander. Marie fängt an: „Ich habe gar nicht allen vom Streit erzählt, sondern nur Emma, Charlotte, Clara und Alice. Außerdem kannst du nicht für mich entscheiden." Sie schweigen zwei Minuten lang, dann sagt Anna: „Machen wir es so, dass du Kirby sein darfst, aber nur wenn ich nicht da bin, okay?!"
Marie: „Ja genau, du warst ja vorhin nicht da. In Ordnung."
Anna: „Aber du musst mir selbst erzählen, dass du Kirby warst, nicht die anderen."
Marie: „In Ordnung."
Und die beiden gehen zurück auf ihre Plätze in der Klasse.

5.3 Zugehörigkeit: innerhalb und außerhalb der Gruppe

Die Peergroup trägt wesentlich zur Entwicklung bei. Leider haben Kinder in unserer Gesellschaft immer weniger Gelegenheit, Erfahrungen in der Gruppe zu sammeln: Außerhalb des Schulkontextes leben sie meist isoliert. Nur selten gibt es noch „Kinderbanden", die sich selbst organisieren, frei spielen und erproben, welchen Raum, welche Regeln und welche Chancen das autonome Agieren ihnen als Gruppe und als Individuen bietet. Die Schule ist häufig einer der wenigen Bereiche, in denen Kinder solche Beziehungsabläufe üben könnten. Doch leider tut man sich auch dort schwer damit zu erkennen, welch wichtige Rolle die Gruppe beim Lernen und bei der Entwicklung spielt. Eher unternimmt man die gigantische und wenig wirksame Anstrengung, jedes Problem auf individueller Ebene anzugehen, als hingen die Vorgänge in der Klasse nicht mit der Gruppe als Ganzes zusammen, sondern nur mit dem jeweiligen Individuum.

Was Kinder aus Konflikten in einer Gruppe von Gleichaltrigen mitnehmen, ist jedoch gerade das soziale Miteinander: Sie lernen hier, ihr Leben aktiv und im Austausch mit anderen Menschen zu meistern. Gleichaltrige haben eine wesentliche Funktion: Sie schränken ein, sie sorgen dafür, dass Kinder Frustration und Grenzen kennenlernen. Die Beziehung zu Erwachsenen ist immer asymmetrisch und kann nie in der Form für Lernanlässe sorgen wie der Umgang mit Peers.

Hinweis

Im Zusammenleben lernen wir. Die Gruppe mit ihrer Dynamik von Zugehörigkeit und Ausgrenzung ist ein Ort, an dem Kinder sich weiterentwickeln und Verantwortung kennenlernen.

Im pädagogischen Kontext wird die Gruppe immer wieder auf ihre sozial-affektive Komponente und die Beziehungsebene reduziert. Denken wir zum Beispiel an die Aufnahme eines Neuankömmlings, etwa auch im interkulturellen Sinne: Die Gruppe wird genutzt, um das neue Kind zu integrieren. Weitere Lernprozesse erfolgen dann über die Inhaltsvermittlung durch die Lehrkraft, obwohl bewiesen ist, dass zum Beispiel eine Sprache viel leichter im Dialog mit Gleichrangigen gelernt wird. Gruppenarbeit sollte daher nicht als sozial und emotional befriedigende Entspannungseinheit verstanden werden, sondern als eine notwendige und unabdingbare Arbeitsform: Wollen wir signifikante Lernfortschritte erreichen, dann ist die Gruppe von grundlegender Bedeutung. Viel zu selten wird bedacht, dass sich auch Kinder mit Schwierigkeiten, mit Problemen auf der sozialen Ebene als besondere Ressource für die Gruppe erweisen können.

In der Grundschule hängt Streit viel häufiger mit Konformismus zusammen als im Kindergarten. Grundschulkinder streiten auch wegen ihrer Fußballmannschaft oder der Art der Kleidung. Im Kindergarten hingegen überwiegen noch inklusive Verhaltensweisen, wie wir an folgendem, mit mäieutischer Technik gelenktem Streit sehen können.

Beispiel

Charlotte, Julia und Daniel basteln zusammen. Sie schreiben ein Schild in Lautschrift: „Abait anfasen vaboten" und stellen es auf den Tisch.
Emil kommt dazu, er sucht nach Filzstiften. Daniel sagt zu Emil: „Du darfst hier nicht herkommen."
Emil antwortet: „Ich sage es der Erzieherin." Emil geht zur Erzieherin, zeigt auf die anderen Kinder und sagt: „Sie geben mir die Filzstifte nicht."
Die Erzieherin: „Setzt euch alle einen Moment hier hin und versucht, euch zu einigen."
Julia sagt zu Emil: „Du kannst die Stifte nehmen, aber du musst fragen."
Charlotte sagt: „Ich habe eine Idee: Du setzt dich mit uns an den Tisch und kannst dort malen, aber du musst auf das Schild aufpassen. Wenn jemand kommt, sagt du, dass es verboten ist, die Sachen anzufassen."
Emil: „In Ordnung!"
Alle gehen hinüber zum Tisch und nehmen ihre Beschäftigung wieder auf. Emil ist jetzt für das Schild verantwortlich, so kann er malen und dabei auf die Bastelarbeiten aufpassen.

Hier noch ein weiteres Beispiel für einen Streit um Zugehörigkeit in Klasse 4 einer Grundschule.

Beispiel

Marek kommt zur Lehrerin und sagt: „Samuel hat mir gesagt: ‚Du bist draußen, du bist nicht in unserem Bankkreis!'" Die Lehrerin ruft beide Kinder zu sich und fordert sie auf, ihre jeweilige Version niederzuschreiben und vielleicht eine Einigung zu finden. Samuel: „Du bist draußen, das heißt, du warst nicht drinnen in unserem Kreis, als die Bänke zusammengeschoben und geschlossen waren." Marek: „Du bist nicht in unserem Bankkreis, das heißt, du bist nicht mehr unser Freund." Die beiden Kinder diskutieren und klären die Situation schließlich.

Wir haben es hier mit einem sehr interessanten Streit zu tun. Die Lehrerin spielt den Vorfall an die Kinder zurück und versetzt Marek so in die Lage, das Problem genau zu benennen, statt weiter zu lamentieren. Und das, obwohl Samuel versucht, die Schwierigkeit auf ein tatsächliches oder vorgebliches Missverständnis zu schieben. Kinder, denen es schwerfällt, sich in Gruppenabläufe einzugliedern, aktivieren häufig defensive Mechanismen. Sie beklagen sich oder legen eine Opferhaltung an den Tag, was einer richtigen Auseinandersetzung und Beziehung unter Gleichrangigen im Wege steht. Wir müssen lernen, solche Situationen aufmerksam und angemessen zu interpretieren. So können wir den Kindern die Möglichkeit bieten, den Konflikt untereinander zu klären, ihre Ressourcen und Kompetenzen zu aktivieren und auf gleicher Ebene zu interagieren.

5.4 Missverständnis

Beispiel

Luzia spielt mit ein paar Plastiklöffeln in der Nähe von Gretas Schulbank. Greta fragt: „Wo hast du die Löffel her?“, weil sie denkt, Luzia habe sie ihr weggenommen.
Luzia antwortet, die Löffel seien ihre eigenen und nicht Gretas, und sie wiederholt das immer wieder, da Greta ihr nicht zu glauben scheint.
Nach einer Weile stellt Greta fest, dass es sich nicht um ihre Löffel handelt, und der Streit ist beendet.

Missverständnisse sind sehr häufig Auslöser von Konflikten und Streitigkeiten. Wie bereits im vierten Kapitel erläutert, enthält ein Streit fast immer einen verborgenen, unausgesprochenen Anteil. Steht ein Missverständnis am Anfang einer Konfliktsituation, dann ist dieser Aspekt offensichtlich: Ein Erlebnis, ein Gedanke, eine Überzeugung werden nicht offen angesprochen. Dieses „verborgene“ Element hindert uns in der Folge oft daran, das eigentliche Problem zu erkennen. Zum Glück denken Kinder noch nicht in dem Maße „reversibel“ wie Erwachsene. Daher lässt sich recht leicht herausfinden, ob ein Missverständnis ihren Streit verursacht hat, und die Situation ist meist einfach zu lösen, anders als bei Erwachsenen.

In solchen Situationen zeigt sich die Wirksamkeit des mäieutischen Ansatzes besonders deutlich: Die Suche nach einer eindeutigen Lösung oder nach dem Schuldigen würde das Missverständnis nicht aufklären, sondern nur vergrößern. Wir können jedoch auch eine andere Perspektive einnehmen, uns mit der Konfliktdynamik auseinandersetzen und diese näher untersuchen. Auf diese Weise gelingt es uns ohne große Probleme, das vorliegende Missverständnis ausfindig beziehungsweise sichtbar zu machen und eine Einigung herbeizuführen.

Beispiel

Meike und Jan gehen zur Lehrerin und erzählen ihr, dass Sara weint. Sara sagt: „Ich mag es nicht, wenn Jan Meike etwas über mich ins Ohr sagt." Meike: „Nein, Jan hat etwas zu mir gesagt und ich habe gesagt, dass das etwas für Erwachsene ist, und dann hat Sara angefangen zu weinen." Jan: „Ich habe Meike gesagt, dass ich sie lieb habe und Elias hat Meike auch lieb." In der Aussprache zeigt sich, dass Sara zwar denkt, die beiden hätten über sie geredet, dies aber nicht stimmt. Der Vorfall ist geklärt.

5.5 Tyrannei der sozialen Rolle

Es kommt häufig vor, dass Kinder Dinge tun, weil sie sich dazu verpflichtet fühlen. Dahinter steht keine ausdrückliche Aufforderung, sondern falsch verstandenes Pflichtgefühl. Oft nehmen Kinder in der Gruppe eine von außen diktierte Rolle an, die des klassischen „braven Kindes" oder „bösen Kindes" zum Beispiel, die des „zerstreuten Kindes" oder des „Unruhestifters". Hier ist es also von fundamentaler Bedeutung, dass mehrere verantwortliche Erwachsene die Situation beobachten und analysieren. Somit betrachten sie das Verhalten eines Kindes aus unterschiedlichen Perspektiven. Dies ist umso wichtiger, als häufig vergessen wird, dass sich Kinder durch ihr individuelles oder soziales Verhalten immer einen Vorteil verschaffen wollen. Aus der Entwicklungsperspektive ist dies das einzig vertretbare Vorgehen.

Hinweis

Kinder entscheiden sich niemals freiwillig für Verhaltensweisen, die ihnen keinen Vorteil bringen.

Natürlich bezeichnet „vorteilhaft“ hier nicht ein besseres Verhalten oder ein Verhalten, bei dem das Kind tatsächlich etwas lernen würde. Häufig weisen solche Verhaltensweisen auf eine gestörte Beziehungsdynamik hin. Eine pädagogische Interpretation und Analyse, mit der wir die Ereignisse beobachten, einordnen und überprüfen, führt in diesem Sinne immer wieder zu überraschenden Ergebnissen. Wir können hier außerdem die Selbstachtung der Kinder stärken und ihr Entwicklungs- und Veränderungspotenzial aktivieren.

Beispiel

Zu Beginn der Pause verschwindet die Lehrerin einen Moment, um auf die Toilette zu gehen. Die Kinder sitzen noch in der Klasse. Nach und nach stehen sie auf, Unruhe bricht aus. Sophia beobachtet das Durcheinander, steht auf und schreibt die Namen all jener Klassenkameraden an die Tafel, die zu sprechen anfangen. Die Kinder sehen, dass Sophia ihre Namen aufschreibt, und beschweren sich. Sophia achtet nicht auf sie und macht weiter. Da kommt die Lehrerin zurück, schimpft und schickt alle auf ihre Plätze zurück.

5.6 Ablaufkontrolle: eine Frage der Regeln

Beispiel

In Klasse 4 einer Grundschule spielen Niklas, Lukas, Elias und Nils gerade „Uno“. Sie diskutieren darüber, wie viele Karten jeder erhält. Zwei der Jungen möchten mehr Karten verteilen als die anderen beiden. Nach einer kurzen Aufregung scheinen sie sich zu einigen, dann aber entscheiden Elias und Nils, sich einen anderen Ort zu suchen und dort zu zweit weiter Karten zu spielen. Lukas und Niklas suchen sich ein anderes Spiel.

In der Grundschule streiten Kinder sehr viel häufiger wegen Regeln, zu einem signifikant höheren Prozentsatz als im Kindergarten (siehe Kapitel 6, wo die in unseren Experimenten erhobenen Daten zu den Streittypen vorgestellt werden). Warum ist das so?

Kinder ab sechs Jahre treibt ein starker Wunsch nach Gerechtigkeit um. Ein Konzept also, von dem sie vorher nur eine sehr verschwommene Vorstellung hatten, da ihr Handeln vor allem auf Triebbefriedigung ausgerichtet war. In der Grundschule überwiegt dann ein moralisches Denken, dem es vor allem um Wiedergutmachung geht, wobei manchmal einfach antithetisch zwischen Gut und Böse unterschieden wird. Die Kinder wollen sich den Erwachsenen angleichen: Dabei übertreiben sie aber oder wählen einen ungeeigneten Weg. Wir sollten ihnen daher helfen, eine Vorstellung von Gerechtigkeit zu entwickeln, die andere nicht aus-, sondern einschließt. Grundschulkinder folgen Regeln, weil sie es einerseits den Erwachsenen recht machen wollen und weil sie andererseits eine instinktive Vorliebe für Gewohnheiten, Wiederholung und vertraute Abläufe haben. In dieser Phase treten triebhafte Impulse verzögert auf, sodass sich nach und nach eine konformistische Moral entwickelt, die empfänglich für Botschaften von Autoritätspersonen ist.

5.7 Mangelnde Gefühlskontrolle

Wie bereits erwähnt, haben unsere Untersuchungen anders als erwartet gezeigt, dass Konflikte nur selten durch Gefühlsausbrüche verursacht werden. Wenn doch, dann kommt dies meist bei Kindern vor, deren Schwierigkeiten im Umgang mit Emotionen bereits bekannt sind.

Die von uns vorgestellte Methode ist deutlich pädagogisch ausgerichtet: Sie soll Kindern dabei helfen, ihre Beziehungen zu anderen zu verbessern. Der Ansatz entspricht daher nicht der aktuellen Tendenz, die Entwicklung der Kinder zu diagnostizieren und festzuhalten. Denn gerade Kinder verfügen über eine überaus große neuronale Beweglichkeit und daher über ein enormes Veränderungspotenzial. Eine Diagnose läuft Gefahr, Etiketten zu schaffen, die nachher nur schwer wieder zu entfernen sind. Unser Ansatz hingegen zielt nicht darauf ab, irgendeine Wahrheit herauszufinden. Es geht uns darum, den Konflikt von der rein emotionalen auf eine reflektierte Ebene zu verschieben. In diesem Sinn kann die Methode auch nützlich sein, um Veränderungsprozesse bei weniger stabilen Kindern in Gang zu bringen und zu fördern.

Sicherlich sind die emotionalen Reaktionen bei einigen Kindern schwerer zu lenken. Kleine „Tyrannen" gibt es immer wieder. Manche Kinder weigern sich, den anderen zuzuhören oder sich mit ihnen auseinanderzusetzen. Häufig bilden sich Dreierkonstellationen, bei denen zwei Kinder streiten und das Auftauchen eines dritten dazu führt, dass eines der streitenden Kinder nicht mehr zuhören möchte. Probleme treten auch bei Kindern mit sprachlichen oder kognitiven Beeinträchtigungen auf.

Judy Dunn, eine bedeutende englische Wissenschaftlerin, hat zu diesem Thema geforscht und schon gegen Ende der 1980er-Jahre darauf hingewiesen, dass auch Geschwister bei sich zu Hause tendenziell alles genau registrieren, was die Eltern – besonders die Mutter – reizen und ihr Eingreifen in Streitigkeiten provozieren könnte (siehe Dunn 2004; 1988). Ein solches Verhalten ist ganz natürlich.

Die Gegenwart eines ängstlichen Erwachsenen sorgt spiegelbildlich für Gefühlsausbrüche bei den Kindern. So wird ein Mechanismus in Gang gesetzt, bei dem sich beide Seiten hochschaukeln. Typisch für solche Erwachsenen ist, dass sie auf einer Sache beharren oder verbalen Druck ausüben: „Hör auf damit, deinen Freund schlecht zu behandeln!", „Hör, was man dir sagt", „Spielt doch zusammen ...". Als führte ein Satz wirksamer zum Ziel, wenn wir ihn immer aufs Neue wiederholen. Typisch ist auch der Versuch, mit allen Mitteln zu überzeugen, im Notfall auch durch Strafen. Dahinter steckt die Vorstellung, Erwachsene müssten falsches Verhalten in jedem Fall korrigieren, koste es, was es wolle.

Hier ein Beispiel für eine schwierige Situation in Klasse 2 einer Grundschule.

Beispiel

Bei einem Jungen wurde erhöhter Förderbedarf festgestellt. In der Klasse ist daher ein pädagogischer Betreuer anwesend. Der Junge hat plötzliche Wutanfälle und ist ziemlich aggressiv, seinen Klassenkameraden, den Lehrkräften und sich selbst gegenüber. Schon seit der ersten Klasse mag er eine Klassenkameradin besonders gerne, die Marta heißt. „Gestern hat Henri angefangen, mir Sachen zu sagen und vor allen anderen mag ich das nicht. Er sagt ‚Ich mag dich' usw.", so Marta. Henri: „Ich habe mich einfach blöd benommen. Aber die anderen haben mir gesagt, ich soll Marta diese Sachen sagen." Der Konflikt hält eine Weile an und Marta beschwert sich: „Henri sagt jeden Tag: ‚Hallo Schatz, wie schön du bist.' Heute habe ich gerade mit jemandem geredet und er ist vorbeigekommen und hat mir einen Kuss gegeben. Ich mag nicht mehr, ich habe das satt." Henri: „In Ordnung, sie mag nicht, dass ich ihr solche Sachen sage und manchmal gebe ich ihr ein Küsschen auf die Wange, aber nicht immer. Ich will sie aber auch etwas fragen: ‚Marta, was habe ich denn falsch gemacht?' Sie hat in ihrer Version geschrieben, dass es meine Schuld ist, aber das Problem ist, dass ich immer alles vergesse, ich vergesse sogar diese Sachen."

Ein solches Kind hat Mühe, die kommunikative Situation zu erfassen, sein symbolisches Denken ist nicht entwickelt genug. Wenn diesem Jungen nicht wirksam geholfen wird, könnte er im Laufe seines Lebens Probleme bekommen, er gehört zu einer Risikogruppe. Die Gruppe der Gleichaltrigen unterstützt Kinder dabei, sich wieder im Kontext zu verorten, was auch dem Kind im Praxisbeispiel helfen könnte. Diese Kontextualisierung ist ein sehr wichtiges psychologisches Konzept: Sie signalisiert, dass innere und äußere Vorgänge miteinander in Verbindung gebracht werden beziehungsweise dass eine Person in der Lage ist, bei ihrer sozialen Positionierung die eigenen Ressourcen einzuschätzen. Im Verhalten mancher Kinder zeigt sich, dass sie sozial nicht genügend eingebunden sind. Im Gruppenkontext entsteht eine emotionale Spannung, die den einzelnen Personen ihr Verhalten widerspiegelt: Die Gruppe übernimmt auf diese Weise eine therapeutische Funktion. In Henris Fall etwa hilft es möglicherweise, solche Prozesse in Gang zu bringen. Hier können auch Projekte zur *Peer Mediation* sinnvoll sein, bei denen drei oder vier Kinder einer Klasse zu Mediatoren ausgebildet werden und Streitigkeiten unter Klassenkameraden auf gleicher Ebene lenken. In besonderen Fällen, wie bei Henri, ist ein solches Projekt vielleicht nützlich: dann, wenn der Austausch der verschiedenen Standpunkte zwar weiterhilft, den Ausgang aber nicht entscheidend beeinflusst. Außerdem sollte es sich um einen Kontext handeln, in dem es auch aus Sicht der Erwachsenen wichtig ist, dass die Kinder sich untereinander einigen. Treten mangelnde Konfliktfähigkeit und andere schwerwiegende Probleme deutlich zutage, wie in Henris Verhalten, dann können die anderen Kinder auf wirksame Weise vermittelnde Kräfte freisetzen. Klassenkameraden als Ansprechpartner erweisen sich im Konfliktfall immer wieder als sehr hilfreich. Solche Projekte zur *Peer Mediation* wurden bereits ab einem Alter von acht Jahren umgesetzt und funktionieren auch in der Vorpubertät oder in der Oberstufe sehr gut.

Kehren wir zu Henri zurück:

Fortsetzung des Beispiels

Ein Lehrer berichtet, eines Morgens seien zwei Kinder um 8.35 Uhr mit folgender Nachricht ins Klassenzimmer gekommen: „Henri wollte einen Schüler aus einer anderen Klasse schlagen, aber wir haben ihn gestoppt.“ Der Lehrer fragt nach Henri und die Kinder antworten, alles sei in Ordnung, er ziehe sich draußen gerade die Jacke aus. In der Folge kommt heraus, dass der Schüler, den Henri schlagen wollte, sich schon wiederholt über ihn lustig gemacht hatte, sowohl in als auch außerhalb der Schule. Daraufhin bildet sich eine Art Hilfsgruppe für „außerhalb“, da Henri in der Schule ohnehin Menschen um sich hat, die ihn bremsen.

In einem pädagogischen Umfeld, das nicht nach Schuldigen sucht, sondern sich auf die Kommunikation konzentriert, auf die Selbstregulation und auf die Fähigkeit zur Einigung, in einem solchen Umfeld entwickelt sich ein mäieutischer Mechanismus mit Dominoeffekt. Als richtig gilt hier das Verhalten der Kinder, die Henri dabei helfen, sich zu beherrschen, und nicht das der Klassenkameraden, die ihn zum Streit aufwiegeln.

Wir sind soziale Tiere, wir passen uns der jeweils vorherrschenden Meinung häufig auf die eine oder andere Weise an. In der beschriebenen Episode herrscht in der Klasse die Meinung vor, es müsse kein Schuldiger, sondern eine Einigung gesucht werden. Die Kinder konkurrieren quasi darum, einander zu helfen und sich zu einigen. Dieser Prozess ist aus sozialpsychologischer Sicht ganz normal, wir haben es mit dem Konzept der „sozialen Bestätigung“ zu tun: „Nicht das ist richtig, was richtig ist, sondern das, was die anderen tun“ (Cialdini 2005). Wenn es uns daher gelingt, eine Kultur zu bestärken, in der es normal ist, nicht nach dem Schuldigen, sondern nach einer Einigung zu suchen, könnte diese Kultur schließlich die Oberhand gewinnen. Und auf dieser Basis könnten wir möglicherweise eine Gesellschaft aufbauen, die im Umgang mit sozialen Beziehungen über neue Kräfte und Kompetenzen verfügt.

Zweiter Teil

Die Bedeutung von Streit für die kindliche Entwicklung: empirische Studien

6 Die empirische Forschung: Vorgehen und Ergebnisse

Erwachsene tendieren gewöhnlich dazu, in Kinderstreit einzugreifen. Solche Interventionen blockieren die natürliche Kompetenz kleiner Kinder, die ihre Beziehungen eigentlich selbst regeln können. Ältere Kinder werden dadurch der Möglichkeit beraubt, ein Problem aus verschiedenen Perspektiven zu betrachten und sich selbstständig zu einigen.

Dies geht aus den empirischen Experimenten hervor, die wir an einigen Kindergärten und Schulen in Turin durchgeführt haben. In einem ersten Schritt hatten wir uns zum Ziel gesetzt, Konflikte innerhalb der einzelnen Gruppen beziehungsweise Klassen zu beobachten. Danach sollte versuchsweise die mäieutische Methode zum Einsatz kommen: Mein Kollege Daniele Novara hat diesen Ansatz zur Lenkung von Kinderstreit auf Grundlage der entwicklungspsychologischen Erkenntnisse der letzten dreißig Jahre erarbeitet. Unser Ziel war es, die Validität der Methode und ihre positive Wirkung auf die Gruppendynamik zu überprüfen.

Die Versuche haben gezeigt, dass einige Formen pädagogischen Handelns bei Kinderstreit angemessener sind als andere, da sie den Kindern ermöglichen, aus der Konfrontation zu lernen.

6.1 Die Versuchsanlage

Das Experiment wurde von Dezember 2011 bis Mai 2012 durchgeführt. Beteiligt waren 466 Kinder zwischen drei und zehn Jahren (191 in der Grundschule und 275 im Kindergarten), 39 Grundschullehrerinnen und Erzieherinnen (männliche Pädagogen waren in diesem Fall nicht dabei) sowie zwölf Praktikanten des Studiengangs Früh- und Grundschulpädagogik der Universität Turin.

Erste Phase

In der Vorbereitungsphase haben die Praktikanten die Grundschulklassen und die Kindergartengruppen beim freien Spiel beobachtet, um die wichtigsten Mechanismen des Kinderstreits zu ermitteln. Außerdem wurde betrachtet, auf welche Art und Weise die Pädagoginnen bei Streit eingreifen und wie die Kinder darauf reagieren.

Beobachtet wurden sowohl die Versuchsklassen (fünf Grundschulklassen und sechs Kindergartengruppen) als auch die Kontrollklassen (drei Grundschulklassen und fünf Kindergartengruppen). Weder Kinder noch Erwachsene waren im Vorfeld informiert. So wollten wir verhindern, dass die beobachteten Personen ihr Verhalten den Erwartungen der Beobachter anpassen. Außerdem wollten wir ausschließen, dass die Wahl bestimmter Lehrkräfte oder Lernumgebungen die Erfolgschancen der Gruppen von vornherein beeinflusst. Dank dieses Vorgehens konnte der Versuch erfolgreich durchgeführt werden. In der Grundschule wurden vier dritte Klassen, zwei vierte Klassen und eine fünfte Klasse beobachtet. Die Kindergartengruppen waren altersgemischt und auch sonst vielfältig zusammengesetzt. Am Ende der vorgesehenen fünf Beobachtungssitzungen in jeder Gruppe wurden die Lehrkräfte beziehungsweise Erzieherinnen von den Praktikanten interviewt. In semispontanen Gesprächen haben wir die Pädagoginnen nach ihren Sichtweisen und Meinungen zu Konfliktsituationen in der Klasse („Streiten die Kinder diese Klasse?“, „Was sind Ihrer Ansicht nach die häufigsten Ursachen für Streit?“ usw.) sowie nach ihren persönlichen Interventionsmethoden befragt („Greifen Sie ein, wenn Ihre Schüler streiten?“, „Wann halten Sie ein Eingreifen für nötig?“ usw.).

Zweite Phase

Nach einer kurzen Schulung setzten die Pädagoginnen die mäieutische Methode zwei Monate lang zur Konfliktlenkung ein. Wie wir im ersten Teil dieses Buches gesehen haben, gründet dieser innovative Ansatz auf der Überzeugung, dass Kinder sehr gut in der Lage sind, Streitigkeiten untereinander zu lösen, entweder mit einer Einigung oder mit Strategien des *aktiven Verzichts*. Die Methode geht davon aus, dass ein Konflikt nicht „gelöst“, sondern gelenkt werden sollte und dass wir lernen müssen, auch in widrigen Situationen weiter zu kommunizieren. Ressourcen und Lernprozesse unterstützen uns dabei, die schwierigsten Aspekte eines Streits in den Griff zu bekommen. Es wäre unrealistisch anzunehmen, das Zusammenleben in der Klasse oder anderswo könnte ohne Konflikte ablaufen.

Hinweis

Besonders in der Schule ist es wichtig, dass Kinder Widerstand als einen „verbindenden" Moment erleben, den sie mit den anderen „teilen". Als eine Übung also, in der die Beteiligten lernen, sich gegenseitig wahrzunehmen und zu akzeptieren.

Erwachsene sollten Streitigkeiten daher nicht unterbinden, sondern vielmehr eine neutrale Haltung einnehmen und die Streithähne miteinander ins Gespräch bringen beziehungsweise ihnen helfen, ihre jeweiligen Standpunkte und Motive zu klären.

In der Versuchsanlage war vorgesehen, dass die Pädagoginnen den Schritten der Methode folgen, zwei Schritte zurück und zwei Schritte vorwärts: dass sie also keine Schuldigen suchen und keine Lösung vorgeben, dass sie den Dialog der Kinder und die selbstständige Suche nach einer Einigung unterstützen. Auf diese Weise ermöglichen die Erwachsenen den Kindern, aus kritischen Momenten ihrer sozialen Interaktion zu lernen. Die Kinder üben sich darin, den Konflikt konstruktiv auszutragen. Sollte es zu Gewalt kommen (was während unseres Experiments nicht der Fall war), sieht die Methode vor, dass die Lehrkraft die Streitenden kurzzeitig trennt und sie erst dann anleitet, ihre Versionen der Geschichte auszutauschen und sich freiwillig zu einigen.

Dritte Phase

Nach Ablauf der beiden Versuchsmonate kehrten die Praktikanten wieder in die Versuchsklassen zurück, um eventuelle Veränderungen festzustellen. Wieder dokumentierten sie die häufigsten Konfliktformen, die pädagogischen Interventionen der Erwachsenen und die Reaktionen der Kinder. Dabei achteten sie besonders auf die Fähigkeit der Kinder, ihre Sichtweisen auszutauschen und freiwillig eine Einigung zu suchen. Wieder wurden Gespräche mit den Pädagoginnen geführt, diesmal zu ihrer Einschätzung der erzielten Ergebnisse. Zum ersten Mal sprachen die Praktikanten nun auch mit Kindern verschiedenen Alters. Diese Interviews wurden jeweils mit einer Gruppe von Kindern geführt, nicht nur aus Zeitgründen, sondern auch, weil die Peergroup zum Diskutieren anregt und daher offensichtliche Vorteile bietet.

Im nächsten Schritt wurden die vor und nach dem Versuch erhobenen Daten verglichen, außerdem die Daten aus den Versuchs- und den Kontrollgruppen. Die Analyse der Daten führte zu äußerst interessanten Ergebnissen: Wenn wir Kinder pädagogisch begleiten, dann sind sie in der Lage, Konflikte als Ressource zu begreifen und in der Auseinandersetzung Kompetenzen zu aktivieren. Dabei bleibt die Beziehung zwischen den Streitenden erhalten und wird möglicherweise sogar enger. Kinder gewöhnen sich daran, die Ereignisse in Worte zu fassen und eine Einigung zu suchen, die das Problem für alle Beteiligten in eine Chance verwandelt.

6.2 Die Forschungsergebnisse

Streittypen

Die Praktikanten haben 113 Streitfälle in der Grundschule und 93 kleine Konflikte im Kindergarten dokumentiert. Die Auslöser der Auseinandersetzungen wurden nachverfolgt, gemäß einer von uns erstellten und später überarbeiteten Klassifikation. Die überarbeitete Version haben wir in Kapitel 5 vorgestellt: Sie berücksichtigt die zentralen Konfliktmechanismen, wie sie während des Experiments beobachtet wurden.

Die Daten zeigen, dass jüngere Kinder sich vor allem streiten, weil sie bestimmte Gegenstände besitzen und nutzen oder weil sie beim Spielen eine bestimmte Rolle einnehmen wollen („Ich will das, was du hast“, „Ich will machen, was du machst“). Bei der Interaktion von Kleinkindern kommt es schnell zu Interessenkonflikten, insbesondere, wenn ein Kind auf eine Grenze stößt – zum Beispiel, wenn es nicht mitspielen darf. Der Konflikt spitzt sich in einem solchen Fall vor allem dann zu, wenn das „ausgebremste“ Kind Widerstand leistet und sein Ziel unbedingt erreichen will. In vielen Fällen handelt es sich um kurze, auf den Moment begrenzte Streitereien. Nur selten zieht sich die Angelegenheit in die Länge. Meist versöhnen sich die Kinder schnell und die Emotionen beruhigen sich. Dies bestätigt unsere Ausführungen im ersten Teil des Buches: Das reversible Denken ist bei Kindern unter sechs Jahren noch nicht weit entwickelt, weswegen sie Beleidigungen anders als Erwachsene nicht lange nachtragen und keinen Groll oder Rachegefühle hegen.

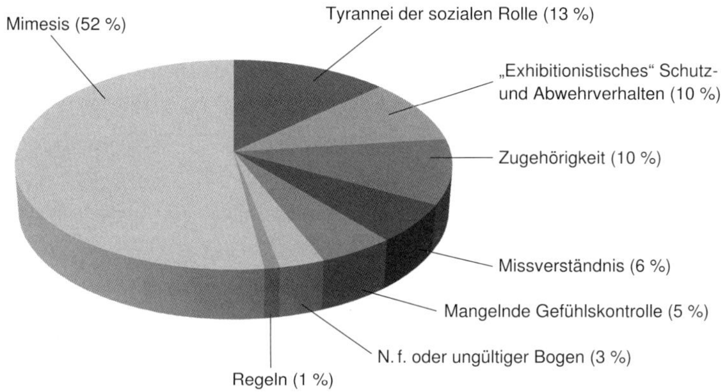

Grafik 6.1: *Streittypen im Kindergarten („N.f." bedeutet, dass der Konflikttypus nicht feststellbar war)*

Ab dem Grundschulalter nehmen Streitigkeiten komplexere Formen an, ihre Entwicklung und ihre Resultate sind nun ausdifferenzierter (siehe Grafik 6.2). Kinder streiten aus Interessenkonflikten. Fühlen sie sich gehänselt, beleidigt oder in ihrer „Ehre" gekränkt, dann treten Formen eines „exhibitionistischen" Schutz- und Abwehrverhaltens auf. Kinder sind nun außerdem in der Lage zu argumentieren. Sie streiten mit Worten und nicht selten lösen Worte eine Auseinandersetzung aus: Kinder streiten nun auch über Fragen, die Vorstellungen, Fakten oder Überzeugungen betreffen (Shantz 1987). Je älter die Kinder, desto seltener setzen sie in Konfliktsituationen ihren Körper ein, um Gegenstände oder den Raum zu kontrollieren (Shantz 1987). Manchmal streiten Kinder, weil sie in starren Rollen gefangen sind, die in einigen Fällen von den Erwachsenen vorgegeben wurden, wie etwa im Fall des „Klassenbesten". Manchmal möchten sie zu einer Gruppe gehören, die sich gegen neue Mitglieder sperrt: geschlechtsspezifische Gruppen beispielsweise oder Gruppen, die Interessen und Vorlieben teilen (etwa Mannschaften). Ist eine Aktivität bereits im Gange, dann neigen die Mitglieder einer Gruppe dazu, die Ankunft eines „Outsiders“ als potenziell gefährliches, das Spiel beeinträchtigendes Ereignis zu betrachten. Daher widersetzen sie sich. Durch solchen Widerstand soll wohl ebenfalls die Treue zur *ingroup* öffentlich bewiesen werden. Ein signifikanter Prozentsatz der Streitigkeiten wird außerdem durch Missverständnisse oder Vermutungen ausgelöst („Ich finde eine Karte nicht und glaube, du hast sie versteckt“) oder aber dadurch, dass die von der Lehrkraft, der Klasse oder einer Freundesgruppe erstellten Regeln und Abläufe missachtet werden.

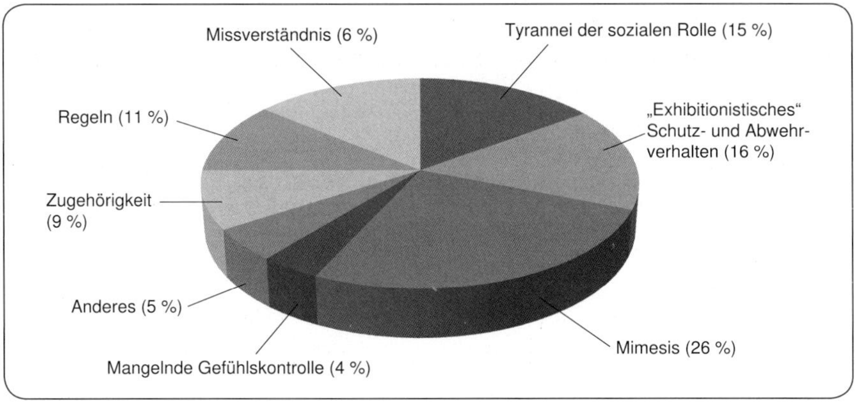

Grafik 6.2: *Streittypen in der Grundschule*

Das Unvermögen, mit Wut umzugehen (Kinder, die „durchdrehen“ und die Emotion nicht unter Kontrolle haben), ist die seltenste Streitursache, im Kindergarten wie in der Grundschule. Dieser Streittypus hängt meist damit zusammen, dass ein Kind genau benennbare Schwierigkeiten hat, seine Emotionen zu steuern.

Interessant ist die durch Garvey (1984) bestätigte Feststellung, dass jede Art von Verhalten einen Konflikt oder Widerstand beim Gegenüber auslösen kann: auch unerwünschte Küsse oder Umarmungen.

Die Analyse der nachgewiesenen Streitmechanismen zeigt außerdem, und dies möchten wir unterstreichen, dass eine Konfliktsituation auch mehrere Auslöser haben kann. Manchmal bleibt eine Ursache während der ganzen Episode unverändert dominant, manchmal entwickelt sich der Konflikt jedoch und andere Ursachen treten in den Vordergrund.

Wie die Pädagoginnen in Kinderstreit eingreifen

Die Pädagoginnen greifen gewohnheitsmäßig in Kinderstreit ein, fast immer, wenn sie darum gebeten werden (im Kindergarten in 33 Prozent der Fälle und in der Grundschule in 42 Prozent der Fälle), aber sehr häufig auch dann, wenn die Kinder gar nicht um Hilfe bitten.

Bei der Analyse unserer dem Versuch vorausgegangenen Gespräche zeigt sich, dass die Pädagoginnen ein Eingreifen dann als nötig erachten, wenn die Kinder allein keine Lösung finden, wenn jemand weint, sich beschwert oder seine Missbilligung ausdrückt (durch Schubsen, Ohrfeigen oder anderes) oder wenn sich Unruhe in der Gruppe ausbreitet. Sie greifen auch ein, wenn sie eine Situation als ungerecht einschätzen (Kinder, die sich schlechter wehren oder schlechter für sich sprechen können) oder wenn die Gruppenregeln nicht eingehalten werden. Im Anschluss an das Experiment gehen die Fälle, in denen Grundschulkinder Lehrkräfte um ihr Eingreifen bitten, um 21 Prozent zurück, während die Interventionen der Lehrkräfte selbst um 34 Prozent zurückgehen. Besonders signifikant und offensichtlich sind die Ergebnisse im Kindergarten in Fällen, in denen die Kinder sich nicht an die Erzieherinnen wenden. In solchen Konfliktsituationen ohne Bitte vonseiten der Kinder (75 Prozent der Fälle) hatten die Erzieherinnen sich vor dem Versuch trotzdem in 57 Prozent der Fälle zwischen die Streitenden gestellt. Nach dem Experiment gehen diese Interventionen um 85 Prozent zurück.

Diese Zahlen weisen darauf hin, dass die Pädagoginnen nach der Schulung in mäieutischer Dialogtechnik größeres Vertrauen in die Kompetenzen der Kinder haben. Sie halten die Kinder nun für fähig, ihre Streitigkeiten selbstständig zu lösen, und haben akzeptiert, dass sie nicht schon beim ersten Anzeichen einer Auseinandersetzung eingreifen müssen. Wir lesen aus den Gesprächen heraus, dass die Reflexion darüber, welchen Stellenwert Konflikte bei der Entwicklung der Kinder haben, eine wichtige Rolle spielt. Genauso wichtig ist das beruhigende Wissen, dass Kinder unter sechs Jahren ihr Gegenüber noch nicht absichtlich schädigen. Diese Überlegungen haben die Pädagoginnen dabei unterstützt, eine ganz bestimmte Kompetenz zu erwerben: die Fähigkeit zur aufmerksamen und wachsamen „erzieherischen Zurückhaltung“.

Bezüglich dieser Veränderung ist auch zu sagen, dass die Kinder, vor und nach dem Experiment, ihren Streit fast immer selbstständig lösen, wenn die Pädagoginnen nicht eingreifen. Vor dem Einsatz der mäieutischen Methode v*erzichten* die Kindergarten-Kinder in 60 Prozent der Fälle *aktiv.* In 33 Prozent der Fälle einigen sie sich freiwillig (siehe Grafik 6.3). Nach dem Versuch lösen sie den Konflikt in 32 Prozent der Fälle mit einer freiwilligen Einigung und in 57 Prozent der Fälle mit Strategien des *aktiven Verzichts* (siehe Grafik 6.4). Dies bedeutet, dass sich bei Konflikten ohne Intervention in den meisten Fällen eines der beiden Kinder herauszieht und entfernt, weil es eine interessantere Beschäftigung gefunden hat. Einigen sich die Kinder freiwillig, dann geht das Spiel zur Befriedigung aller Beteiligten weiter.

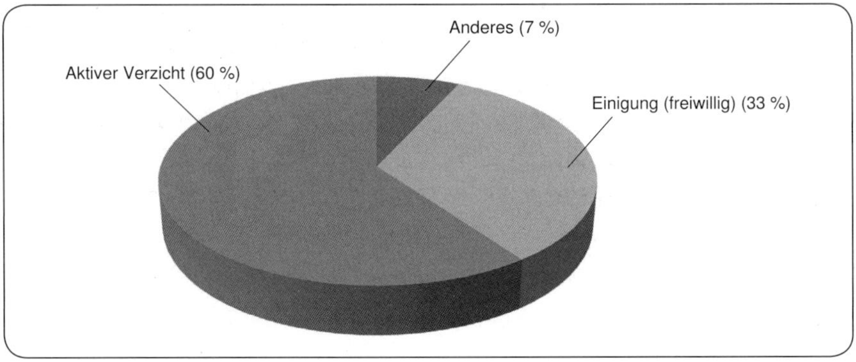

Grafik 6.3: *Wie Kinder Streit beilegen (ohne Einmischung der Erwachsenen, Kindergarten, vor Versuchsbeginn)*

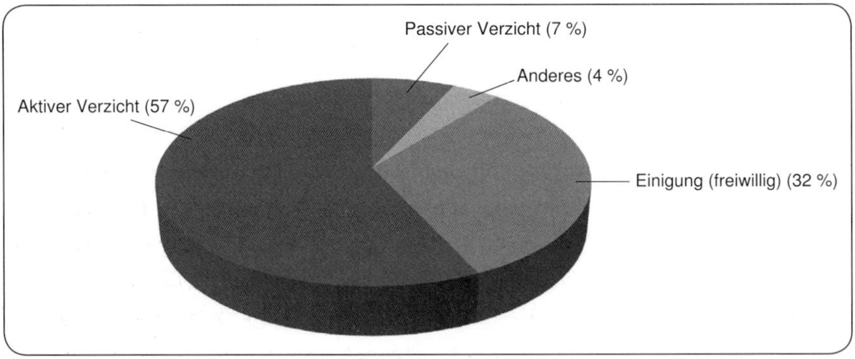

Grafik 6.4: *Wie Kinder Streit beilegen (ohne Einmischung der Erwachsenen, Kindergarten, nach dem Experiment)*

Wie bereits hervorgehoben, neigen die Pädagoginnen vor dem Experiment prinzipiell dazu, in die Streitigkeiten der Kinder einzugreifen – wenn sie darum gebeten, aber auch wenn sie nicht hinzugerufen werden. In über der Hälfte der Fälle (64 Prozent in der Grundschule, 58 Prozent im Kindergarten) treten sie als „Richter“ auf: Sie entscheiden, was richtig und falsch ist, nach ihren eigenen Gerechtigkeitskriterien, die häufig offensichtlich von denen der streitenden Kinder abweichen und bei diesen daher für Unzufriedenheit sorgen. In einigen Fällen (15 Prozent in der Grundschule und 13 Prozent im Kindergarten) wenden sich die Pädagoginnen an die Kinder mit Fragen wie „Wer hat angefangen?“, „Wer war das?“, „Schämt ihr euch nicht?“. Sie suchen den Schuldigen und trösten das Opfer, wobei sie die Kinder davon abhalten, den Streit weiter auszutragen („Hört sofort auf zu streiten!“) oder Strafen androhen („Wenn ihr so weitermacht, fällt die Pause für euch aus!“).

Ziel einer Intervention ist häufig, so schnell wie möglich wieder Gleichgewicht und Frieden einkehren zu lassen. In der Grundschule bemühen sich die Lehrkräfte in 19 Prozent der Fälle darum, die Harmonie mit besorgten Aufforderungen wiederherzustellen, wie etwa „Gebt euch die Hand“, „Vertragt euch wieder“, „Seid doch nett zueinander, ihr seid doch alle Freunde!“. Im Kindergarten sind es 26 Prozent der Fälle (siehe Grafiken 6.5 und 6.6).

Die Beobachtungen zeigen also, dass die Pädagoginnen versuchen, Streitigkeiten zu verhindern, dass sie die Kinder ausschimpfen und nach Schuldigen suchen. Diese Verhaltensweisen entsprechen traditionellen Ansätzen der pädagogischen Theorie und Praxis, die Streit als negative Erfahrung werten. Konflikte sollen vermieden werden, da sie die Harmonie untergraben. Sie stehen außerdem im Verdacht, den Austausch und die Zusammenarbeit zu gefährden, also Formen der Interaktion, die besonders in der Schule gerne gesehen sind. Ein streitendes Kind wird abgestempelt: Da es wohl nicht in der Lage ist, friedlich mit den anderen umzugehen und zu spielen, wird es für schuldig erklärt und möglicherweise bestraft.

Betrachten wir noch einmal den Zeitraum vor Einsatz der mäieutischen Methode. In dieser Versuchsphase kommt es nur selten vor, dass intervenierende Pädagoginnen den Konflikt an die Kinder zurückspielen und diese auffordern, die Sache alleine zu klären, oder dass sie den Streit einfach weiterlaufen lassen. In der Grundschule reagieren die eingreifenden Lehrkräfte nur in 2 Prozent der Fälle auf diese Weise, im Kindergarten sind es 3 Prozent.

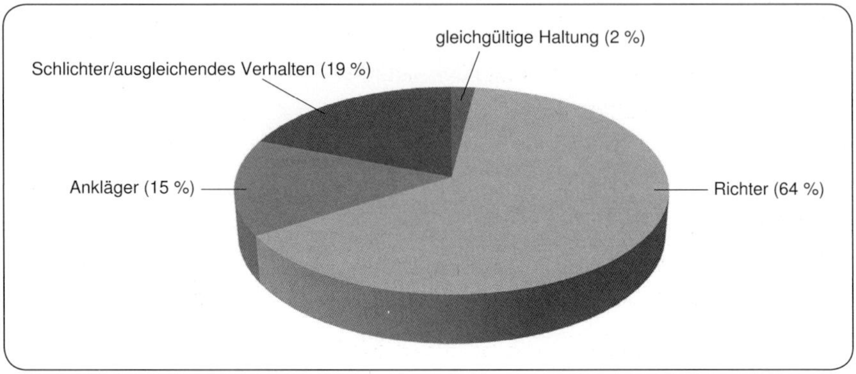

Grafik 6.5: *Wie die Pädagoginnen in Streit eingreifen (Grundschule vor dem Einsatz der Methode)*

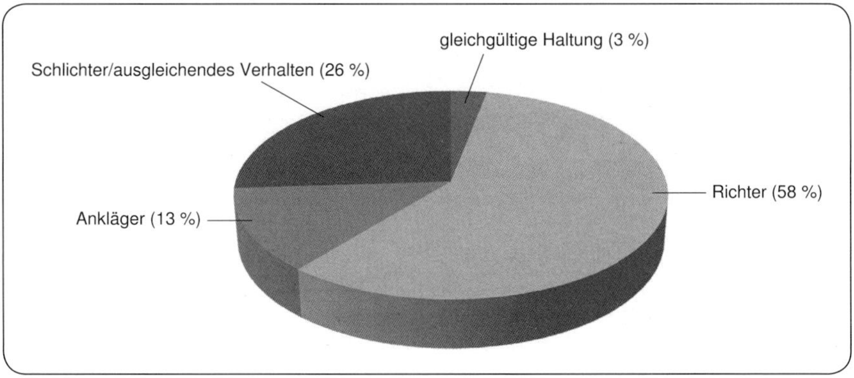

Grafik 6.6: *Wie die Pädagoginnen in Streit eingreifen (Kindergarten vor dem Einsatz der Methode)*

Analysieren wir den Zusammenhang zwischen der Intervention der Pädagoginnen und der Reaktion der Kinder, dann zeigt sich deutlich: Greifen Erwachsene korrigierend ein, dann kommt der Streit zum Stillstand. Der Konflikt wird „eingefroren" und entwickelt sich nicht weiter (in der Grundschule in 92 Prozent der Fälle, im Kindergarten in 90 Prozent der Fälle). Die Episode endet damit, dass der Streit ausgesetzt wird oder die Kinder sich, zumindest kurzfristig, den Vorgaben der Pädagoginnen fügen. Das „Einfrieren" hindert die Kinder daran, den Konflikt selbst zu steuern und Strategien zu wählen beziehungsweise anzuwenden, die bei der Bewältigung der kritischen Situation helfen. Sie werden also nicht befähigt, eigene Ressourcen zu entwickeln, mit denen sie Schwierigkeiten entgegentreten und ihre Ziele verfolgen könnten. Den Kindern wird damit eine wichtige Erfahrung verwehrt: Sie werden daran gehindert, abweichende Standpunkte und Widerstand zum Ausdruck zu bringen.

Freiwillige Einigungen

Die mäieutische Methode wird in erster Linie von den Daten zur freiwilligen Einigung bestätigt, vor allen anderen Ergebnissen.

Werfen wir noch einmal einen Blick auf die Beobachtungsphase vor dem Einsatz der Methode: Greifen die Pädagoginnen ein und korrigieren das Verhalten der Kinder, dann kommt es bei den Grundschulkindern gar nicht zu freiwilligen Einigungen, bei den Kindergartenkindern in 3 Prozent der Fälle.

Hinweis

Wenden die Pädagoginnen die mäieutische Methode an, dann einigen sich die Grundschüler durchweg selbstständig und auch im Kindergarten ist dies fast bei allen Konfliktepisoden der Fall.

Fassen wir zusammen: Setzen die Pädagoginnen die neue Methode ein, dann kommen die Kinder drei Mal häufiger zu einer freiwilligen Einigung als bei der „alten“ Vorgehensweise. Die in der Grundschule und im Kindergarten erhobenen Daten stimmen diesbezüglich überein. In den Grafiken 6.7 und 6.8 zeigen wir die Ergebnisse aus der Grundschule.

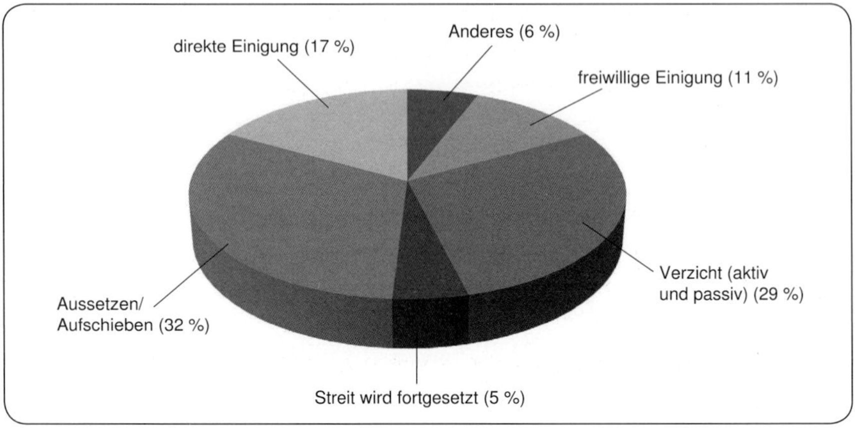

Grafik 6.7: *Kinderstreit in der Grundschule: freiwillige Einigungen vor dem Experiment*

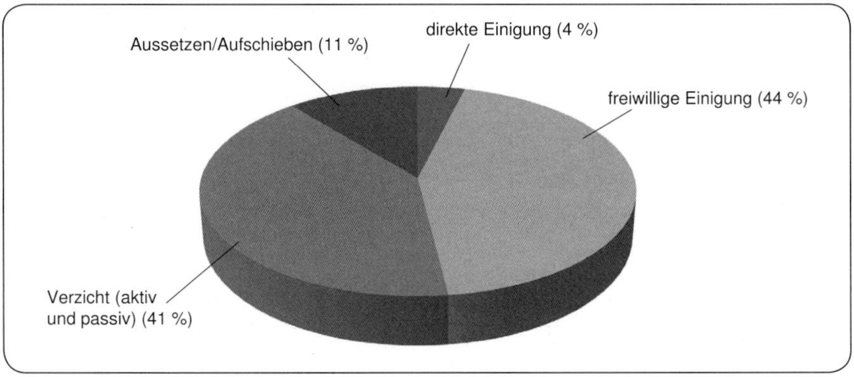

Grafik 6.8: *Kinderstreit in der Grundschule: freiwillige Einigungen nach dem Experiment*

6.3 Schlussfolgerungen

Die Ergebnisse der Experimente zeigen, dass wir Kinder nicht daran hindern sollten, Konflikterfahrungen zu sammeln. Verwehren wir ihnen diese Chance, ist das riskant und kontraproduktiv für ihre Entwicklung. Bringen wir den Kindern hingegen bei, wie sie Streit lenken können durch Gespräche beziehungsweise freiwillige und kreative Verhandlungen, dann ermöglichen wir ihnen, die eigenen Ressourcen und Grenzen zu entdecken. Vor allem helfen wir ihnen dabei, ein Problem aus verschiedenen Perspektiven zu betrachten. Konflikte bringen Frustrationsmomente mit sich, die natürlich und wichtig für die Entwicklung sind. Kinder lernen dadurch, von sich selbst abzusehen und auch die Interessen und Bedürfnisse der anderen wahrzunehmen.

Mithilfe der mäieutischen Methode kann die Lehrkraft also die Entwicklung prosozialer Kompetenzen fördern: Die Schüler lernen nach und nach, sich gegenseitig zuzuhören, weniger selbstbezogen zu sein und auch die Gefühle und Erfahrungen der anderen zu berücksichtigen. Diese Fähigkeiten schützen die Kinder und tragen wesentlich zu ihrer gesunden Entwicklung bei. Sie haben Einfluss auf die sozialen und emotionalen Kompetenzen und damit auf das Zusammenleben, aber auch auf das Gefühlsleben des einzelnen Kindes. Schreiben Kinder ihre eigene Version der Ereignisse auf, dann nehmen sie mit der Zeit ihre Verhaltensweisen und Reaktionen bewusster wahr und gehen besser mit belastenden Gefühlen um. Doch dafür müssen sie sich „mit anderen auseinandersetzen, auch in Konfliktsituationen, ohne dass sofort ein Erwachsener eingreift und seine Lösung vorgibt" (siehe Bonino 2012, S. 109). Nur auf diese Weise lernen sie, zu kooperieren und die eigene Perspektive mit anderen Standpunkten abzugleichen.

Die mäieutische Methode bietet auch eine Antwort auf eine der größten Sorgen der Erwachsenen: dass schwächere Kinder im Streit unterliegen könnten. Geben wir eine pädagogische Struktur vor, in der alle Seiten ihre Version austauschen, so erlauben wir insbesondere den Schwächeren, ihre persönlichen Beweggründe gebührend einzubringen.

Wenn wir den Kindern das Wort geben, wenn wir die erläuternde und symbolische Funktion der Sprache wertschätzen, dann können sie ihren Gefühlen freien Lauf lassen und diese Befreiung für Dialog und Auseinandersetzungen nutzen. Davon profitieren ganz besonders die verletzlichen Kinder, Kinder, die sich schwerer tun.

7 Vorhang auf für die Hauptfiguren der Studie: die Pädagoginnen

Mit unserer Studie wollten wir herausfinden, welche Auffassungen dem Verhalten der Pädagoginnen bei Kinderstreit zugrunde lagen. Zu diesem Zweck wurden bestimmte Arbeitsmethoden eingesetzt. Insbesondere führten wir Gespräche mit den Lehrkräften und Erzieherinnen: am Ende der Beobachtungsphase vor dem Versuch und am Ende des Experiments. In einigen Gesprächen kamen autobiografische Gedanken der Teilnehmerinnen zur Sprache. Unser Ziel war es, mehr darüber zu erfahren, welche Bedeutung die Pädagoginnen dem Forschungsthema beimessen. Insbesondere wollten wir einen tieferen Einblick in ihre Auffassungen zu Kinderstreit und zu möglichen Interventionsformen erhalten.

In diesem Kapitel geben wir sowohl die Aussagen der Pädagoginnen wieder als auch eigene Überlegungen, zu denen die Berichte der Beteiligten geführt haben.

7.1 Überlegungen der Pädagoginnen vor Versuchsbeginn

Warum die Pädagoginnen am Versuch teilnehmen, ist deutlich erkennbar: Es geht ihnen um Interpretationsansätze und brauchbares methodisches Handwerkszeug als Hilfe bei Kinderstreit in der Gruppe oder der Klasse. Zunächst kennen sie nur unsere Absicht, die Kinder beim freien Spiel zu beobachten. Dass auch ihre eigenen Verhaltensweisen beobachtet werden, ist ihnen zu diesem Zeitpunkt nicht bekannt, genauso wenig wie die Methode, die wir ihnen im Anschluss vorstellen. Ihre Bereitschaft entspringt ihrem Vertrauen in die beteiligten Wissenschaftler und ihrem Wunsch, sich mit wirksamen pädagogischen Ansätzen auseinanderzusetzen.

Die Leitung der Gruppen beziehungsweise Klassen werde immer komplexer, so berichten die Pädagoginnen. Die Gruppen sind groß und die Ressourcen schrumpfen (zum Beispiel, was die Begleitung von Kindern mit Förderbedarf anbelangt), die Familienverhältnisse sind häufig schwierig. Pädagoginnen müssen sich in dieser Situation angemessene Lehrstile und innovative Methoden aneignen, die sie in die Lage versetzen, auf die neuen Herausforderungen zu reagieren und die gesamte Gruppe einzubinden. Nur so ist es möglich, nicht in Resignation zu verfallen und die Kinder im Gegenteil bei ihrer Kompetenzentwicklung zu begleiten. Die Kinder streiten viel, dies ist der Tenor in den Gesprächen vor Versuchsbeginn. Die Pädagoginnen sehen darin ein Zeichen fehlender emotionaler und sozialer Kompetenz. Einige meinen, die Kinder stritten heute mehr als früher. Als Ursache sehen sie die mangelnde Fähigkeit der Erziehungsberechtigten, regelnd einzugreifen, die Spannungen in den Familien und die medialen Vorbilder, denen die Kinder ausgesetzt sind. Einige haben den Eindruck, die Kinder seien heute „ungeduldiger und unruhiger, nicht in der Lage, die Bedürfnisse anderer Menschen zu berücksichtigen". Andere Teilnehmerinnen wiederum sagen aus, in den Gruppen werde heute nicht mehr gestritten als früher: „Kinder, die bestimmen oder irgendwo dazugehören wollen, hat es schon immer gegeben."

Die Beteiligten nehmen die Häufigkeit und das Ausmaß von Kinderstreit unterschiedlich wahr. In einem Punkt sind sie sich jedoch einig: Sie bewerten Streitigkeiten als störende Erscheinung, ohne die das Gruppenklima besser und entspannter wäre. Die Aussagen bestätigen daher, dass Kinderstreit noch ein weit verbreitetes Tabu ist. Erwachsene sehen darin eine Ursache von Stress und belastenden Gefühlen, die es in jedem Fall zu überwachen und einzudämmen gilt. Die Pädagoginnen erkennen die zentralen Mechanismen des Kinderstreits. Folgende Hauptursachen für Konflikte werden von ihnen identifiziert: der Wunsch, Spielzeug in den eigenen Besitz zu bringen, der Versuch, andere zu dominieren und zu kontrollieren, sowie das Bedürfnis, den eigenen Standpunkt und die eigenen Ziele durchzusetzen. Kinder streiten, so die Pädagoginnen, weil „es immer jemanden gibt, der Erster sein will. Hin und wieder ärgern sie einander, oder sie wollen in der Nähe des Gruppenanführers sein". Manchmal gehe es den Kindern auch darum, die Aufmerksamkeit der Erwachsenen zu erhalten. Intuitiv bemerken die Pädagoginnen also, dass Streit und der damit einhergehende Ruf nach den Erwachsenen auch mit solchen Bedürfnissen zusammenhängen kann. Der Streit gehe außerdem häufig von Kindern aus, die sich widersetzen und

Schwierigkeiten damit haben, den Sinn von Grenzen anzuerkennen beziehungsweise mit Frustration umzugehen.

Auf die Fragen „Greifen Sie normalerweise in Kinderstreit ein oder eher nicht? Wenn ja, an welchem Punkt des Streits?“ erklären die meisten Pädagoginnen, dass sie für gewöhnlich eingreifen. Sie intervenieren besonders dann, wenn die Streitenden allein keine Lösung finden, wenn sie sich nicht an Abmachungen halten oder wenn der Streit ausartet, das heißt, wenn die Erwachsenen das Gefühl haben, die Situation gerate außer Kontrolle, oder wenn sie befürchten, jemand könne sich verletzen. Interveniert wird auch, wenn die Kinder tatsächlich handgreiflich werden, wenn sie sich verbal attackieren oder aber, wenn die Grenze der guten Erziehung überschritten scheint. Die Pädagoginnen versuchen auch zu vermitteln, wenn sprachliche Verständnisprobleme im Spiel sind oder wenn eines der Kinder sich ihrer Ansicht nach nicht gut genug selbst verteidigen kann.

Die Gespräche bestätigen also die Daten aus der Beobachtungsphase: Demnach greifen die Pädagoginnen tendenziell in Kinderstreit ein. In einigen Fällen intervenieren sie zu Beginn der Konfliktepisode, um die „Gemüter zu beruhigen und zur Normalität zurückzukehren“, vor allem, wenn sie ein Kind für schutzbedürftig halten oder wenn sie Gerechtigkeit wiederherstellen wollen. Andere erklären, dass sie alle Parteien dazu aufrufen, ihre Version des Vorfalls zu erzählen, im Anschluss aber selbst die Lösung des Konflikts liefern. Nur wenige Pädagoginnen sagen aus, dass sie beobachtend abwarten oder die Kinder ermuntern, eine Einigung zu finden, es den Beteiligten also zutrauen, den Streit selbst zu schlichten. Sollte der Streit sich zuspitzen, sind sie jederzeit zum Eingreifen bereit.

Eine Lehrerin drückt es so aus: „Wenn besonders aggressive Kinder dabei sind, ist es manchmal besser, dem Streit zuvorzukommen.“ Wir haben es hier also mit präventivem Handeln zu tun, das die Kinder daran hindert, ihre Bedürfnisse, Gefühle und Sichtweisen auszudrücken. Die Angst der Erwachsenen und der Versuch, den Konflikt zu vermeiden, führen zu überbehütenden und bemutternden Verhaltensweisen, die ungünstig für die Entwicklung der Kinder sind.

In den Aussagen zeigt sich, dass die Pädagoginnen Mühe haben, in Konfliktsituationen zu *verweilen* und die Kinder darin *verweilen* zu lassen. Konflikte werden als verstörendes Ereignis aufgefasst: weder als Ressource noch als Anlass, mehr über sich und die Beziehungen zu den anderen zu lernen. Diese Haltung ist recht weit verbreitet: Streit wird kurzerhand mit Gewalt gleichgesetzt und entsprechend fallen die Reaktionen aus. Nur selten ermuntert man die Beteiligten, den Streit auszutragen. Man hilft ihnen daher auch nicht, den Konflikt aufzuarbeiten, einzuordnen und mit etwas Abstand zu betrachten. Einige Pädagoginnen äußern auch Überlegungen zu ihrem Umgang mit Konflikten. Sie bestätigen, dass sie meist zum Eingreifen tendieren und sich selten mehr anhören „als ein paar Wörter der Kinder zu dem, was passiert ist: Wir nehmen uns die Zeit nicht, wir geben den Kindern die Zeit nicht". Sie unterstreichen, ihre Haltung zu Konflikten werde stark durch ihr Wesen und ihre Erfahrungen beeinflusst: „Das liegt an meiner Persönlichkeit", bemerkt zum Beispiel eine Erzieherin, „ich habe Streit immer als etwas Negatives erlebt, deswegen bin ich in solchen Situationen angespannt. In meiner Kindheit habe ich unter dominanten Spielkameraden gelitten und daher greife ich bei meiner Arbeit häufig zugunsten der Kinder ein, die ich als schwächer wahrnehme."

Zur Form des Eingreifens sagen einige Pädagoginnen, die zunehmenden Streitigkeiten irritierten sie, was dazu führe, dass sie „die Kinder bestrafen und versuchen, den Streit zu unterdrücken", so die Worte einer Erzieherin. Sie neigen auch dazu, Verhaltensregeln einzuführen. In manchen Fällen fragen sie alle Beteiligten nach ihren jeweiligen Beweggründen, um die Harmonie wiederherzustellen.

Diese Aussagen stimmen mit unseren Beobachtungen während des Experiments überein: Meistens greifen die Erwachsenen als Richter ein. Sie stellen fest, was richtig beziehungsweise falsch ist, und geben die Lösung des Konflikts vor. Alternativ suchen die Pädagoginnen nach einem Schuldigen oder sie bemühen sich darum, wieder Ruhe und Frieden einkehren zu lassen. Dabei erklären sie den Kindern möglicherweise auch, „warum es falsch ist, sich so zu verhalten". In seltenen Fällen wird der Streit an die Kinder zurückgespielt. Wie bereits in den vorigen Kapiteln angesprochen, bildet sich in der zweiten Phase der Kindheit (vom siebten bis zum zehnten Lebensjahr) das Moralbewusstsein aus. Die Kinder passen sich dabei tendenziell der erwachsenen Bezugsperson an, was zu konformistischen Verhaltensweisen führt, mit denen Erwartungen erfüllt werden sollen (die sogenannte Latenzphase nach Freud beziehungsweise das konventionelle Stadium der Moralentwicklung nach Lawrence Kohlberg). Diese Aspekte sind bei der methodischen Aufarbeitung immer zu berücksichtigen.

Wir können also schlussfolgern, dass die Pädagoginnen tendenziell eine korrigierende und ausgleichende Rolle einnehmen. Häufig ziehen sie die Angelegenheit als Schlichter an sich, wobei ihre eigene Vorstellung von Gerechtigkeit und angemessenem Verhalten ausschlaggebend ist. Selten werden die Kinder an der Entscheidung beteiligt. In der Folge beschreiben wir zwei Interventionen, die während der Beobachtungsphase dokumentiert wurden.

Beispiel Kindergarten

In einer Kindergartengruppe spielen Moritz und Jonas zusammen mit einer Burg. Die beiden Kinder diskutieren darüber, wer die zur Burg gehörigen Figuren benutzen darf. Ein Mädchen kommt dazu und ergreift Partei für Moritz. Jonas gibt ihr eine Ohrfeige. Die Erzieherin hat mitbekommen, was passiert ist. Sie geht zu den Kindern und fragt Jonas: „Warum hast du sie geschlagen? Warum?“ Es ist kurz still. Die Erzieherin insistiert: „Warum hast du ihr eine Ohrfeige gegeben? Sag mir, warum du Luisa eine Ohrfeige gegeben hast.“ Jonas sagt, Moritz sei schuld. Die Erzieherin antwortet: „Moritz hat nichts damit zu tun, du hast Luisa eine Ohrfeige gegeben und weißt nicht einmal, warum!“ Da Jonas nicht antwortet, gibt ihm die Erzieherin einen Stuhl, damit er sich hinsetzt, und sagt: „Jetzt setzt du dich hier hin und denkst darüber nach, warum du sie geschlagen hast, und dann sagst du mir es.“ Sie geht und lässt Jonas dort, damit er nachdenkt. Nach einer Weile kehrt sie zurück und sagt: „Also, versuchen wir es noch einmal. Du hast Luisa geschlagen und Moritz hat nichts damit zu tun.“ Jonas antwortet, Moritz habe ihn gestört. Die Erzieherin sagt: „Wenn jemand dich stört, hast du kein Recht, ihn zu schlagen. Hat Luisa dir etwas getan?“ Er schüttelt den Kopf. Sie stellt noch weitere Fragen, ohne ihm Zeit für eine Antwort zu geben. Dann sagt sie: „Du entschuldigst dich jetzt bei Luisa und gibst ihr die Hand.“ Die beiden Kinder geben sich die Hand, wenn auch unwillig.

Beispiel Grundschule

Vier Grundschulkinder sitzen zusammen um eine Schulbank und spielen mit Autos. Es ist eng und drei von ihnen entscheiden, das vierte Kind wegzuschicken. Der Junge beschwert sich, weil er mit ihnen spielen möchte. Die anderen wenden sich an die Lehrerin und bitten sie, den vierten Jungen davon zu überzeugen, sich anderswo hinzusetzen. Die Lehrerin entscheidet, zwei von ihnen umzusetzen. Die zwei Kinder an der Schulbank spielen weiter mit den Autos, sind aber offensichtlich unzufrieden. Die anderen beiden gehen traurig weg.

7.2 Überlegungen der Pädagoginnen nach dem Experiment

Anders als in den Beispielen sieht die Versuchsanlage vor, dass die Lehrkraft die Kinder bei Streit eben nicht „beruhigt und ausbremst", sondern ihnen dabei hilft, miteinander zu sprechen. Der Dialog erlaubt es, die im Streit auftauchenden Emotionen – denn Gefühle sind immer im Spiel – in Kommunikation zu verwandeln.

Der größte Widerstand, mit dem das Forschungsteam nach den Schulungen zur mäieutischen Methode konfrontiert wird, hängt mit dem Verantwortungsgefühl der Lehrkräfte zusammen. Sie müsste sich aus der Situation „herausziehen" und liefe so Gefahr, „nicht überall präsent zu sein, wie es meine Pflicht wäre", so die Aussage einer Lehrerin. „Streit verstört und schürt Ängste", so die Befragte weiter, „vor allem bei der Lehrkraft, die sich ja extrem verantwortlich dafür fühlt, dass ihre Schüler körperlich und seelisch keinen Schaden nehmen."

Dennoch beteiligen sich alle Pädagoginnen am Versuch, da sie die mäieutische Methode für „sofort einsetzbar" halten. „Funktioniert die Methode, dann ist das für alle beteiligten Kinder eine wunderbare Gelegenheit, sich weiterzuentwickeln", so die Pädagoginnen. Sie haben verstanden, dass die „zwei Schritte zurück" nicht mit Desinteresse gleichzusetzen sind: Der Erziehungsverantwortliche kümmert sich weiterhin um die Kinder. Dabei stellt er jedoch nicht mehr fest, wer recht und wer unrecht hat, und sucht auch keine Lösung für den Streit, sondern hilft den Kindern, ihre eigenen Ressourcen zu mobilisieren. „Das war die größte Veränderung in meinem Verhalten“, so eine der Pädagoginnen, „das hat den Unterschied ausgemacht.“

Am Ende der zwei Versuchsmonate führen die Praktikanten erneut Beobachtungen durch und sprechen mit den beteiligten Pädagoginnen.

Die Grundschullehrerinnen haben den Eindruck, die Streitigkeiten in der Klasse seien zurückgegangen und sie würden weniger dazugerufen: „Die Kinder“, so die Lehrkräfte, „versuchen die Auseinandersetzung eher untereinander zu lösen und kommen nur zu uns, wenn die Stimmung sehr angespannt ist.“ Die Erzieherinnen hingegen finden nicht, dass die Streitigkeiten abgenommen haben, und bestätigen damit die Ergebnisse zur Häufigkeit von Konflikten vor und nach dem Versuch: „Auseinandersetzungen gibt es nach wie vor, vielleicht weil das zu den Beziehungen der Kleinen dazugehört – oder zu menschlichen Beziehungen im Allgemeinen!“

Einige der Pädagoginnen stellen fest, dass die Kinder nun selbstständiger mit Auseinandersetzungen umgehen, insbesondere die größeren. Eine Erzieherin berichtet, sie habe Kinder dabei beobachtet, wie „sie sich gegenseitig Fragen stellten, um die Situation zu klären“. Auch von den Eltern wird signalisiert, die Situation in den Familien habe sich verbessert. Eine Erzieherin präzisiert, das veränderte Verhalten der Kinder hänge eben mit dem veränderten Verhalten der Erwachsenen zusammen. Vor dem Experiment, so die Pädagogin, „haben wir selbst die Kinder aufgefordert, uns dazuzuholen“. Dies bestätigt auch ein Grundschüler im Gespräch: Er weist darauf hin, dass sie sich an die Lehrerin wenden sollten, statt selbst zu reagieren, da sie sich sonst, wie er sagt, „falsch benommen hätten“. Nach dem Experiment, so die Teilnehmerinnen, würden sie nun manchmal von den Kindern beruhigt, mit Sätzen wie: „Nein, nein, machen Sie sich keine Sorgen, wir sprechen jetzt darüber!“

Nach Ansicht der Pädagoginnen waren die Kinder zwar anfänglich verwirrt, da sie nun „streiten durften und wir sie darum baten, ihre eigene Version aufzuschreiben und auszutauschen. Das fanden sie ungewöhnlich“. Nach einer Weile hätten die Kinder jedoch die Kompetenz entwickelt, in Konfliktsituationen miteinander zu sprechen. Besonders eine Lehrerin sagt, es gelinge ihr nicht einmal mehr, Streitigkeiten festzustellen, da „die Schüler das nun selbst in die Hand nehmen und sich ihre Standpunkte erklären".

Die Pädagoginnen sind außerdem davon überzeugt, dass zwei Monate zu kurz seien, um eine wirklich gefestigte Kompetenz zu erwerben. Sie berichten, dass einige Kinder Mühe haben, einen solchen Automatismus zu erlernen. Insbesondere die jüngeren Kinder müssten angeleitet werden, sei es auch nur durch die Aufforderung, sich zu einigen: „Manchmal bitten sie die Erwachsenen darum, sie zu begleiten, aber sie schaffen das. Wenn sie miteinander sprechen, sind sie weniger angespannt und lächeln schließlich." In jedem Fall merken alle Kinder, so eine weitere Kollegin, „dass wir ihnen vertrauen, ihre Streitigkeiten untereinander zu regeln". Sie lassen sich darauf ein, selbst eine Einigung zu suchen: „Sie denken darüber nach, sie reden darüber, und wenn es ihnen nicht gelingt, kommen sie wieder zu uns. Wir fordern sie dann erneut auf, das miteinander zu klären, und sie schaffen es allein." Die Pädagoginnen haben den Eindruck, die Kinder lernten dank der Methode, nicht in der Auseinandersetzung stecken zu bleiben: Sie machen einen Schritt darüber hinaus und beraten sich über eine mögliche Einigung. Vor allem die jüngeren Kinder einigen sich dann nicht immer, was aber auch nicht unbedingt nötig ist: Wichtig ist, dass sie sich nicht verurteilt fühlen und auf diese Weise lernen, miteinander über die Ereignisse zu sprechen und ihre Gefühle einzuordnen: „Die Wut verpufft und die Konflikte flauen ab."

Blicken wir hingegen auf die Erwachsenen, so nehmen sie nach dem Experiment vor allem die Bedeutung und den Sinn eines Kinderstreits anders wahr. Sie sehen Konfliktsituationen nun nicht mehr als negative Vorfälle, sondern als „Lernanlässe". Da sie Streitigkeiten nun anders auffassen, gehen sie natürlich auch entspannter damit um und finden zu einer neuen Haltung.

Vor allen Dingen haben die Pädagoginnen erkannt, wie wichtig das Konzept des *aktiven Verzichts* ist, das sie vorher oft als Ungerechtigkeit, als Anzeichen einer Niederlage oder Unterwerfung gedeutet haben. Dahinter verbirgt sich jedoch eine grundlegende Kompetenz:

Hinweis

Sind die Kinder in der Lage, auch einmal innezuhalten und zu verzichten, dann vergeuden sie keine Ressourcen. Stattdessen richten sie ihre Aufmerksamkeit und ihre Energie auf kreative Weise anderswohin.

Die Pädagoginnen sind sich einig darin, dass die mäieutische Methode großes Engagement fordert: „Das ist sehr harte Arbeit, die viel Mühe kostet", so etwa eine Erzieherin. Eine Kollegin fügt hinzu, es handele sich um „eine Methode, die am Anfang sehr anstrengend ist, weil alle Kinder mit ihren Versionen zu Wort kommen müssen. Dann aber zahlt es sich aus: Die Kinder lernen, ihre Angelegenheiten selbst zu regeln, und die Pädagoginnen verlieren ihre Angst, weil sich die Kinder nicht wegen allem an sie wenden." Da die emotionale Anspannung nachlässt, stehen den Erwachsenen mehr Zeit und Energie für andere Aktivitäten zur Verfügung, die vorher in die Kontrolle der Streitigkeiten geflossen sind. Wer bisher daran gewöhnt war, ein streitendes Kind als „nicht brav" oder sogar „böse" zu bewerten, dem fällt es jedoch schwer, sich zurückzuhalten, keinen Verantwortlichen zu suchen und keine Urteile zu fällen.

Natürlich tauchen auch Schwierigkeiten auf. Vor allem bei großen Gruppen ist es den Pädagoginnen nicht immer möglich, sich den Streitenden zu widmen und die Auseinandersetzung zu begleiten. Schwierig werden kann es auch bei Kindern mit erheblichen Verhaltensproblemen, die zu Gefühlsausbrüchen neigen und schlecht mit Wut umgehen können. Auch mangelnde Sprachkenntnisse, etwa bei Kindern mit anderen Herkunftssprachen, können den Austausch der unterschiedlichen Standpunkte erschweren. In solchen Fällen muss man zu anderen Ausdrucksformen, etwa zu Zeichnungen, greifen, um die jeweilige Geschichte zu erzählen. Außerdem kommt es vor, wenn auch selten, dass Kinder sich weigern, ihre Version des Vorfalls aufzuschreiben oder einem anderen Kind zuzuhören. Eine Lehrerin berichtet, ein Mädchen habe die Aufforderung, seine Version aufzuschreiben, als Strafe für den Streit mit der Klassenkameradin empfunden. Erst als die Lehrerin sie noch einmal ermutigt, ist die Schülerin bereit, über ihre Sicht der Dinge zu sprechen.

Die Stärken der Methode haben sich jedoch als wichtig erwiesen. Eine Pädagogin betont, dass das Vorgehen eine „Art positiven Kreislauf bei der Beziehungsarbeit in der Klasse und auch einen Dominoeffekt außerhalb der Schule in Gang setzt".

Die Kinder merken, dass die Pädagoginnen ihnen zutrauen, auch mit stark aufgeladenen Situationen oder richtigem Streit kompetent umzugehen und alleine zurechtzukommen. Sie lernen, über sich selbst und ihre Gefühle nachzudenken. Erfolgreich erproben sie Vorgehensweisen, die ihnen zunächst von den Pädagoginnen vorgeschlagen werden („Tauscht eure Sicht der Dinge aus", „Sprecht miteinander und sucht eine Lösung"). Nach und nach setzen sie diese Methode dann freiwillig innerhalb und außerhalb der Schule oder des Kindergartens ein. „Das hilft ihnen dabei, bessere Beziehungen zu den anderen aufzubauen, und gibt ihnen das Gefühl, kompetent und erwachsen zu sein, allein zurechtzukommen."

Zwei Lehrerinnen erproben die Methode in einer fünften Grundschulklasse. Nach den ersten Erfolgen beschließen sie, die Technik ab Beginn des neuen Schuljahres auch mit den Schulanfängern einzusetzen. Manchmal, so die Pädagoginnen, malen die Kinder ihre Sichtweisen auf Blätter, manchmal sprechen die Schüler miteinander. Sie sind sehr zufrieden: „Nur sehr wenige

Kinder wollen, dass wir eingreifen. In der Klasse wird häufig aus diesem oder jenem Grund gestritten, aber genauso häufig sagt eines der Kinder: ‚Einigen wir uns.'" „Überraschend ist", so betonen die beiden, „dass die mäieutische Methode allen Gelegenheit bietet, auf neue Weise miteinander umzugehen: Den ‚Schwächeren' gelingt es, ihren Standpunkt nachdrücklicher klarzumachen; die ‚Stärkeren' nehmen sich nicht nur für die eigene Version Zeit, sondern auch für die der anderen; die ‚Wehleidigen' hören auf, sich ständig bei den Lehrerinnen zu beklagen; die ‚Stillen' lernen, das Wort zu ergreifen und zu erzählen, wenn es ihnen nicht gut geht; die ‚Lautstarken' hören auf, andere anzuschreien und jagen niemandem mehr einen Schrecken ein; die ‚Jähzornigen' lernen, wie sie ihre Wut im Dialog kanalisieren können."

Unsere Schlussfolgerung lautet daher: Die Angst, den Schwächeren zu schaden beziehungsweise Ungerechtigkeiten zuzulassen, wird dadurch zerstreut, dass mit der mäieutischen Methode alle zu Wort kommen und gemeinsam eine Einigung suchen. Auseinandersetzungen sind nötig: Dem Individuum helfen sie bei der Kontrolle seiner Impulse, Emotionen und Handlungen. Einer Gruppe helfen sie, soziale Beziehungen zu regeln. Die mäieutische Methode fördert die Kompetenz, Auseinandersetzungen in diesem Sinne zu nutzen. Sie bietet Gelegenheit, den Konflikt nicht durch Taten auszuleben, sondern auf die Ebene sprachlicher Kommunikation zu heben. Alle Beteiligten verstehen, dass *guter Streit auch gut tut und die Entwicklung fördert.*

8 Vorhang auf für die Hauptfiguren der Studie: die Kinder

Am Ende des Experiments haben wir auch mit Kindern verschiedenen Alters gesprochen und die Gespräche gefilmt. In den meisten Fällen handelt es sich um Gruppengespräche, aus Zeitgründen, aber auch, weil wir die Diskussion durch das Aufeinandertreffen von Gleichaltrigen anregen wollten. Hier referieren wir die Aussagen der Kinder.

8.1 Kinder und Streit

Interviewt wurden einige nicht am Experiment beteiligte Kindergartenkinder, außerdem Kinder einer dritten, einer vierten und einer fünften Grundschulklasse, die alle am Versuch beteiligt waren.

Auf die Frage „Streitest du dich manchmal?“ antworten die Kinder durchweg bejahend und fügen auch Näheres zur Häufigkeit hinzu: „oft“, „sehr häufig / immer wieder“, „jeden Tag“, „manchmal“. Ein Kind stellt klar: „Man kann nicht immer streiten, aber auch nicht nie." Ein anderes Kind fügt hinzu: „Streit ist ganz normal und gut, aber manchmal auch nicht schön." Nur ein Mädchen sagt, als Einzelkind streite sie zu Hause nie, während eine ihrer Klassenkameradinnen erklärt, dass „auch die Eltern manchmal wegen blöder Sachen streiten".

Auf die Frage „Mit wem streitest du dich?" erzählen die Kinder von ihren Streitigkeiten mit Geschwistern, Freunden und Klassenkameraden, manchmal auch mit den Eltern und Großeltern.

Sie zählen auch auf, warum sie sich am häufigsten streiten: aus Konkurrenz um Freunde („Wir wollen alle ihre Freundin sein und deswegen streiten wir uns"); wegen Hänseleien und Boshaftigkeiten (Wir fangen an, übereinander zu lästern, bis wir merken, dass wir uns ohne Grund streiten. Dann sprechen wir in Ruhe miteinander und klären das"); wegen Regeln und Normen („Ich streite mich mit meinem Bruder, weil er das Zimmer nicht aufräumt"); wegen eines Spielzeugs oder einer bestimmten Rolle in einem Spiel. Zum Beispiel erzählt ein älterer Junge vom Streit um den Computer bei ihm zu Hause: „Jeden Tag gibt es irgendeine Diskussion mit meinen sechs Brüdern, wer von uns am Computer spielen darf. Das ist dann sehr chaotisch und meine Mutter hält es fast nicht mehr aus." Ein Mädchen aus dem Kindergarten wiederum berichtet von Streitigkeiten mit seiner Freundin, die immer etwas anderes spielen möchte als sie selbst: „Also", so das Kind, „spielen wir zuerst ein bisschen ihr Spiel und dann ein bisschen meins." Zum Streit kommt es auch, wenn jemand vom Spiel ausgeschlossen wird oder gerne Teil einer Gruppe wäre: „Meine Freundin lässt mich nicht mitspielen: Sie zeigt mit dem Daumen nach unten, das Zeichen, dass ich raus bin."

„Was sagen eure Eltern, wenn ihr euch streitet?" Auf diese Frage folgen ganz unterschiedliche Antworten. Viele zeugen von einer Erziehung, die Streit als etwas Negatives und Verstörendes auffasst. Die Harmonie wird dadurch bedroht und soll so bald wie möglich wiederhergestellt werden: „Ich und meine Schwester streiten uns immer. Meine Mama sagt, dass wir aufhören sollen, weil das für sie nicht schön ist. Sie kommt müde von der Arbeit nach Hause und will keinen Lärm und kein Geschrei. Sie will, das alles ruhig ist."

Auch ein anderes Mädchen erzählt, dass ihre Eltern es nicht ertragen, wenn die beiden Töchter streiten: „Du hast eine Schwester bekommen, damit du mit ihr spielen kannst, und jetzt streitet ihr. Versöhnt euch sofort und seid wieder Schwestern, die zusammenhalten."

Aus den Antworten wird offensichtlich, dass die Mutter häufiger eingreift als der Vater und es den Kindern, so scheint es, eher um ihre Aufmerksamkeit geht.

Einige Kinder geben zu, dass sie häufig auch dann weiterstreiten, wenn die Eltern sie auffordern, damit aufzuhören: „Meine Eltern wollen, das wir aufhören. Manchmal machen wir, was sie sagen, aber manchmal fangen wir auch aus unterschiedlichen Gründen wieder an." „Teilweise", fügt eine Schülerin hinzu, „streiten meine Schwester und ich uns wochenlang, aber dann schaffen wir es doch, eine Lösung zu finden."

Einigen Kindern wird das Streiten verboten. In diesen Fällen nehmen die Erziehungsberechtigten die Rolle von Richtern ein: Sie suchen einen Schuldigen und bestrafen ihn, weil er Unruhe unter die Geschwister gebracht hat („Meine Eltern bestrafen mich meistens"). Manchmal greifen die Erwachsenen ein und stellen fest, wer recht und unrecht hat („Die Kleinen haben immer recht"), oder sie schlagen eine ihrer Meinung nach angemessene Lösung vor, die den Streit schlichten soll („Meine Mama schreibt unsere Namen auf Zettel und lost aus, wer mit der Play-Station spielen darf").

In seltenen Fällen jedoch berichten die Kinder von Eltern, die den Streit an sie zurückspielen und sie auffordern, das untereinander zu regeln. Manche Eltern greifen nur im schlimmsten Fall ein, wenn eines der Kinder „handgreiflich" wird, wobei sie selbst jedoch neutral bleiben.
Die Kinder erzählen ferner von Eltern, die sich für ihre Auseinandersetzungen mit Klassenkameraden interessieren und sie auffordern, Frieden zu schließen: „Wenn wir streiten, dann geht unsere Freundschaft kaputt", so die Kinder. Manche Eltern bringen die Kinder auch dazu, feindselige Positionen beizubehalten. Solche Eltern tragen die Streitigkeiten ihrer Kinder aus der Schule heraus und werden selbst zu aktiven Protagonisten der Auseinandersetzung. In der Folge liegen die Familien im Streit und verteidigen ihren Nachwuchs. Die Kinder werden daran gehindert, sich zu versöhnen. Aber, so deren eigene Aussage: „Wir schließen heimlich Frieden, ohne es unseren Mamas zu sagen."

„Und was sagen die Lehrerinnen/Erzieherinnen, wenn ihr euch streitet?“ An den Antworten der Kindergartenkinder erkennen wir die traditionelle Vorstellung wieder: Wenn ein Kind streitet, ist es nicht brav und wird dafür getadelt oder aufgefordert, sich nicht erneut so zu verhalten. Manchmal bemerken die Pädagoginnen die Streitigkeiten nicht („Wenn wir ein bisschen streiten, fällt das nicht auf“) oder „sie sagen uns, dass wir nicht streiten sollen. Andere rufen ‚Es reicht, es reicht!‘ und dann muss das Kind sich hinsetzen“. Die Kinder suchen Strategien, mit denen sie Kritik vermeiden und das Lob der Erzieherinnen erhalten können: „Wenn wir streiten, sagt Frau Müller, dass wir nicht brav sind. Und wir antworten dann: ‚Wir waren das gar nicht, er war's!‘“

8.2 Kinder und die mäieutische Methode

Die Antworten der Grundschulkinder auf die Frage nach der Reaktion der Lehrerinnen variieren stärker: Sie haben am Versuch teilgenommen und daher einen Wandel in der Haltung der Lehrkräfte gegenüber Kinderstreit miterlebt.

Einige erzählen von Situationen, in denen die Lehrkräfte als Ankläger oder aber als Friedenstifter eingreifen: „Die Lehrerin sagt uns, wir sollen uns versöhnen und uns gern haben.“ Manchmal werden die Kinder dazu aufgefordert, sich an die Erwachsenen zu wenden: „Die Lehrerin sagt, dass es falsch ist, wenn wir streiten, und sie schimpft mit uns. Sie sagt, dass wir zu ihr kommen sollen, damit sie mit den Kindern schimpft, die uns ärgern.“

Einige Kinder erzählen, dass sie der Lehrkraft manchmal gar nichts sagen und die Sache untereinander klären. Ein Mädchen sagt ausdrücklich: „Die Lehrerin weiß nicht immer etwas davon. Wir schaffen das alleine, wir beruhigen uns und dann verschwindet der Streit von selbst.“ Die meisten Kinder berichten jedoch, dass ihre Lehrerinnen die mäieutische Methode anwenden: „Wenn wir schlimm streiten, also, wenn jemand sich weh tut, dann sucht die Lehrerin eine Lösung. Sonst sollen die beiden, die streiten, miteinander sprechen.“ Oder ein anderes Beispiel: „Jeder soll einen Zettel nehmen und seine Gründe aufschreiben. Kleinigkeiten sollen wir aber untereinander klären, ohne uns zu schlagen, sagt die Lehrerin.“

Hier können wir interessanterweise feststellen, dass die Kinder ein Gespür für schwere Übertretungen haben. Sie sind sich einig, dass die Lehrerin „dazukommen soll“, wenn ein Kind etwas macht, das sie nicht mehr untereinander klären können. Gewöhnliche und alltägliche Auseinandersetzungen möchten sie jedoch lieber selbst regeln. Ihre Aussagen zeigen, dass sie sich ebenfalls darüber im Klaren sind, was „gut streiten“ bedeutet: „Gut streiten heißt für mich, mit Worten streiten, ohne sich zu schlagen oder sich anzufassen. Man wartet ab, bis man nicht mehr so wütend ist, und klärt die Sache dann, vielleicht findet man am Ende eine Lösung.“ Die jüngeren Kinder beschreiben es noch genauer: „Wenn man gut streitet, tut man nur so, als ob man sich schlägt. Bei einem schlechten Streit wird man gestoßen und schlägt sich richtig.“ Oder: „Ein guter Streit ist kurz, nicht länger als eine Stunde, dann ist alles vorbei, auch die Wut.“

Die „zwei Schritte vorwärts“ der Methode werden von den Kindern detaillierter beschrieben: „Wir nehmen einen Zettel und schreiben unsere Gründe auf. Dann geht die Lehrerin mit uns aus der Klasse und liest uns draußen die Zettel vor und wir einigen uns.“ Sind nur zwei Personen am Streit beteiligt, dann schickt die Lehrerin sie gewöhnlich aus dem Klassenzimmer, so berichten einige der Kinder. Draußen können sie sich in Ruhe auseinandersetzen, ohne dass die Klassenkameraden Partei ergreifen. Wenn jedoch die ganze Klasse am Streit beteiligt ist oder eine große Gruppe, dann werden die verschiedenen Versionen des Vorfalls vor allen vorgelesen, und manchmal, so erzählt ein Junge, „bestimmen wir dann zusammen die Regeln des Spiels, über die wir gestritten haben, und schreiben sie auf".

Nicht immer kommt es zu einer Einigung: Manchmal „entschuldigen wir uns beieinander, manchmal sagen wir nichts".

Die Gespräche mit den Kindern schließen mit einer Frage zur Methode: „Was denkst du über die Art und Weise, wie die Lehrerinnen mit Streit in der Klasse umgehen?" Ein Kind, das zu Hause normalerweise bestraft wird, wenn es streitet, findet die Methode nur zu manchen Gelegenheiten richtig. Es würde die Erwachsenen lieber ganz heraushalten: „Wir müssen die Sachen unter uns klären." Andere Kinder sehen das auch so, vor allem die älteren. Sie bestehen auf ihrer Kompetenz, die Dinge selbst zu regeln. Und sie wissen das Vertrauen zu schätzen, das im Vorschlag, selbstständig eine Einigung zu finden, zum Ausdruck kommt.

Einige Kinder geben zu, dass sie ihren Standpunkt nicht gerne aufschreiben („Ich schreibe nicht so gerne, nur am Computer"). Viele sehen die Wirkung auf den Umgang mit Gefühlen, vor allem mit Wut, jedoch positiv: „Wenn du deine Version aufschreibst, wirst du deine Wut los und dir wird klar, was eigentlich passiert. Wenn man nur darüber spricht, wird man schnell wütend. Aber wenn du schreibst, dann geht die Wut nicht in die Hände, sondern in die Wörter und bleibt da."

Beim Aufschreiben und beim Zuhören, so erklären die Kinder, können sie über den Vorfall nachdenken. „Wenn du darüber sprichst", so fügen sie hinzu, „dann kann jemand dir sagen, dass das nicht stimmt", aber wenn „du es aufschreibst und vorliest (oder der Lehrer es vorliest), dann hört der andere, was du sagst, und denkt, dass du vielleicht genauso recht hast." So lernen die Kinder, die Welt aus verschiedenen Blickwinkeln zu sehen und auch ein offenes Ohr für die Bedürfnisse und Gefühle der anderen zu haben.

Zum Abschluss hier noch der Satz einer Fünftklässlerin, der unser Bild vom Streit als Ressource und Lernanlass in einfache Sprache übersetzt: „Die Erwachsenen denken, dass Streit nicht gut ist, aber ich denke, dass man dadurch etwas über das Leben lernt, darüber, wie man Probleme lösen kann."

9 Lernen mit der mäieutischen Methode

9.1 Welchem Lernkonzept folgt die Methode?

Hinter der mäieutischen Technik zur Lenkung von Kinderstreit steht selbstverständlich auch ein breiter angelegtes Lernkonzept. Lernen wird hier als konstruktiver, vom Individuum selbst regulierter Prozess verstanden: ein Lernprozess, in dessen Verlauf die Person ihr Wissen, ihre Erfahrungen und ihre Denkmuster wieder aufruft, re-konstruiert und neu verarbeitet. Kooperation und fortlaufende Reflexion unterstützen diesen Ablauf. Ziel ist die Entwicklung von Kompetenzen, verstanden als „Fähigkeit, sich einer oder mehreren Aufgabe(n) zu stellen. Dabei gelingt es der Person, ihre inneren Ressourcen – auf kognitiver, emotionaler und auf Willensebene – zu aktivieren beziehungsweise zu koordinieren sowie die verfügbaren externen Ressourcen auf konsequente und fruchtbare Weise zu nutzen" (siehe Pellerey 2004, S. 12).

Die Definition von Kompetenz nach Pellerey zeigt, was Lernen bedeutet: nämlich schwierigen Situationen mithilfe des eigenen Wissens und Könnens zu begegnen. Es handelt sich unweigerlich um einen aktiven Vorgang, der die inneren Ressourcen mobilisiert und mit den äußeren Ressourcen zusammenführt. Mit den inneren Ressourcen sind sowohl solche kognitiver als auch metakognitiver und sozial-emotionaler Natur oder Motivationsressourcen gemeint. Auf diese Weise baut die Person ihr Wissen und Können aus: Sie sammelt Erfahrungen und reflektiert diese in einem interaktiven Prozess, in dem das Gegenüber zur Ressource wird und Gelegenheit bietet, neue Bedeutungsebenen des gemeinsam Erlebten auszuhandeln.

Die hier vorgestellte pädagogische Methode hilft Kindern dabei, Auseinandersetzungen durch Dialog zu steuern. Sie entspricht der beschriebenen Auffassung vom Lernen: Wir haben festgestellt, dass sie Abläufe begünstigt, die tatsächlich Merkmale von Lernprozessen tragen.

Diese Lernprozesse zeichnen sich durch folgende Charakteristika aus:

1. *Aktion:* Die Kinder sind aufgerufen, Konfliktsituationen aktiv zu lenken, was dazu führt, dass moralische Prinzipien nicht mehr einfach übernommen, sondern eigenständig angewendet werden.
2. *Kooperation:* Die Prozesse sind mit sozialer Interaktion innerhalb der Peergroup verknüpft. Heute wissen wir, dass Interaktion mit Peers bereits in den ersten Lebensjahren einen enormen Zuwachs an kognitiven und sozialen Kompetenzen mit sich bringt und dass Kinder schon sehr früh soziale Abläufe regulieren können. Sie sind in der Lage, ihre Handlungen auf die eines anderen Kindes abzustimmen, sei es, um an einem Prozess mitzuwirken, sei es, um sich dem anderen zu widersetzen und den eigenen Standpunkt zu verdeutlichen.
3. *Intention:* Hier spielen auch Wille und Motivation eine Rolle. Die Kinder werden aufgefordert, ihre eigene Version der Dinge darzulegen: Meist haben sie ein Interesse an der Auseinandersetzung und *verweilen* darin, um sich mit den Gleichaltrigen zu einigen.
4. *Einbindung in einen Kontext:* Die Aufgaben sind aus dem Leben gegriffen, die Kinder lernen anhand realer Konflikte des Gruppenalltags.
5. *Reflexion:* Die Kinder sind aufgefordert, über ihre Konflikterfahrung, die damit verbundenen Gefühle und ihre Beweggründe nachzudenken.
6. *Kommunikation:* Sprache (Zeichnungen, gesprochene oder geschriebene Sprache) wird genutzt, um die Auseinandersetzung zu fördern und die Interpretation des Vorfalls auszuhandeln.

Zusammengefasst handelt es sich also um *wirksame* Lernprozesse: Um ihre Beziehung wieder ins Gleichgewicht zu bringen, integrieren die Kinder neue Perspektiven in bereits vorhandene mentale Strukturen und bilden dann neue kognitive Instrumente aus, um mit der Situation umzugehen.

9.2 Eine Kompetenz fürs Leben

Das Projekt DeSeCo (*Definition and Selection of Competencies*), eine wichtige OECD-Studie, beschreibt, welche grundlegenden Schlüsselkompetenzen wir benötigen, um uns den komplexen Herausforderungen der heutigen Gesellschaft zu stellen. Schulen sollten diese Kompetenzen bei Planungs-

und Entwicklungsvorhaben im Blick haben. Hier sind nicht nur Kenntnisse und Fertigkeiten gemeint:

Hinweis

Ein Individuum ist kompetent, wenn es innere und äußere Ressourcen mobilisieren kann, um das eigene Leben selbstständig und eigenverantwortlich zu lenken.

Solche Kompetenzen legen die Basis für lebenslanges Lernen und tragen zum guten Funktionieren der Gesellschaft bei. Sie wurden in mehrere weit gefasste Kategorien eingeteilt. Die zweite dieser Kategorien („Interagieren in sozial heterogenen Gruppen") enthält folgende Punkte:

- gute Beziehungen zu anderen Menschen aufbauen und unterhalten,
- mit Blick auf ein gemeinsames Ziel zusammenarbeiten,
- Konflikte bewältigen und lösen.

Konflikte werden hier als Prozesse verstanden, die es zu bewältigen und nicht zu unterdrücken gilt. Dafür müssen wir lernen, die Ursprünge des Konflikts und alle Standpunkte zu analysieren. Außerdem müssen wir die Bedürfnisse und Interessen aller Beteiligten berücksichtigen. Dazu gehört auch, dass wir feststellen, auf welche Ziele wir verzichten könnten, und dass wir mögliche Einigungen finden.

Die mäieutische Methode möchte zur Entwicklung dieser Schlüsselkompetenz beitragen. Sie fördert daher den Erwerb sozial-kognitiver und emotionaler Fähigkeiten, die nötig sind, um in der Konfliktsituation zu *verweilen* und daraus zu lernen.

Die Methode sieht in einem ihrer Schritte vor, dass die Kinder ihre persönliche Sicht der Dinge darlegen. Dadurch gewöhnen sie sich schon früh daran, über ihre Erfahrungen beziehungsweise Erlebnisse nachzudenken und zu sprechen. Sie sind aufgerufen, ihre Gefühle mitzuteilen, im Hier und Jetzt der Konfliktsituation: Auf diesem Weg üben sie, einen Konflikt als solchen zu erkennen und zu benennen. Und sie trainieren, sich an andere Vorfälle und bereits eingeübte Schritte zur Konfliktbewältigung zu erinnern. In der Auseinandersetzung haben sie Gelegenheit, die Situation aus anderen Blickwinkeln zu sehen. Sie stoßen auf alternative Bedeutungen des gemeinsam Erlebten und denken über die eigene Interpretationsweise nach. Indem wir die Kinder auffordern, ihre Erfahrung sofort in Worte zu fassen, fördern wir eine reflexive und metakognitive Haltung. Sprechen oder schreiben die Streitenden über ihre Sicht der Dinge, dann lernen sie außerdem, ihre Wut abzubauen und von Handgreiflichkeiten zur Ebene sprachlicher Kommunikation überzugehen. Nach und nach lassen sie sich und auch den anderen mehr Zeit. Dabei merken sie, dass die durch die Methode hergestellte Distanz es leichter macht, einander zuzuhören. Werden Extra-Zeit und ein geschützter Raum (die erwähnte Konfliktecke) zur Verfügung gestellten, dann erleichtert dies die Diskussion und den Austausch. Die Kinder lernen, von sich selbst abzusehen, sie erkennen, dass Menschen dasselbe Ereignis möglicherweise unterschiedlich erleben, dass jeder von uns ganz individuell empfindet und dass ihr Gegenüber etwas, das sie für selbstverständlich hielten, nicht unbedingt auch so sieht. Das Vorlesen der verschiedenen Versionen zwingt auch sehr widerwillige Kinder dazu, die Sicht der anderen anzuhören. Dabei vollzieht jeder die Episode noch einmal aus einem anderen Blickwinkel nach und erfährt, welche Wirkung der Streit auf den Mitschüler hat.

Es handelt sich hier um komplexe Entwicklungsprozesse, doch auf diese Weise sind die Kinder mit der Zeit immer besser in der Lage, das emotionale Erleben der anderen nachzuvollziehen. Eine Person kann nur dann Empathiefähigkeit ausbilden, wenn sie Gefühle wahrnimmt und sich in die Perspektive beziehungsweise Rolle eines anderen Menschen hineinversetzen kann. Diese Kompetenzen fördern also die persönliche Entwicklung (siehe Bonino 2006).

Selbst in Konflikten gelingt es Kindern oft, ihre eigenen Bedürfnisse und Interessen auf die der anderen abzustimmen und sich der Situation anzupassen. Sie gelangen so zu einer vermittelnden Lösung, mit der alle Parteien gut leben können: Die verschiedenen Standpunkte finden ihren Platz, die Interessen werden ausgeglichen. In diesem Sinne sind die kreativen Fähigkeiten und Ressourcen der Kinder von fundamentaler Bedeutung: Häufig finden sie Lösungen, die sie selbst zufriedenstellen, die den Erwachsenen aber niemals in den Sinn gekommen wären. Fällt es den streitenden Kindern schwer, sich zu einigen, können die Pädagogen ihnen zu Hilfe kommen. Vielleicht beziehen sie den Rest der Gruppe mit ein durch Fragen wie: „Wie habt ihr euch in ähnlichen Situationen geeinigt?“ Einigungen können auch dokumentiert werden. In jedem Fall können die Pädagogen den Blick der Kinder auf Aspekte richten, die schon einmal bei der Einigung geholfen haben.

9.3 Die Rolle der Pädagogen

Lehrkräfte können die Entwicklung der genannten Kompetenzen fördern, in erster Linie, indem sie neutral bleiben und keine Schuldigen suchen.

Wie bereits hervorgehoben, ist das keine einfache Aufgabe. Wenden sich die Kinder an die Pädagogen, dann greifen diese häufig ein und identifizieren einen Schuldigen beziehungsweise geben den Kindern die eigene Sichtweise vor. Hier spielt auch hinein, dass die Rolle als Bezugsperson und Richter etwas Befriedigendes hat. Derartige Vorgehensweisen verhindern jedoch, dass die Kinder individuelle Ressourcen mobilisieren und sie bei der Suche nach einer Einigung einsetzen. Es geht nicht darum, Desinteresse zu zeigen, sondern bewusst mit den eigenen Emotionen und Ängsten umzugehen, die eventuell mit der persönlichen Vergangenheit zusammenhängen.

Vermieden werden sollte eine sofortige Intervention, die den Kindern die Gelegenheit raubt, den Konflikt möglichst eigenständig zu bewältigen. Wenn nötig, dann stehen die Lehrkräfte den streitenden Kindern in einer sehr wichtigen Rolle zur Seite: Sie werden zu Regisseuren im Sinne der mäieutischen Dialogtechnik und begleiten die Schüler beim sich aus dem Konflikt ergebenden Lernprozess. In dieser Funktion sorgt die Lehrkraft dafür, dass den Kindern die nötige Zeit und ein Ort zur Verfügung stehen, an dem sie den Konflikt austragen können. Die Pädagogen sollten interessiert und präsent sein, den Kindern zuhören und diese unterstützen. Sie garantieren, dass im Dialog die herrschenden Regeln eingehalten werden. Eben jene Regeln, die auch die Kinder in unserem Experiment als wichtigen Teil eines guten Streits genannt haben: „Gut streiten heißt, dass wir miteinander reden, ohne uns zu schlagen oder zu beleidigen.“ Die Präsenz der Pädagogen gibt Sicherheit und beruhigt. Das erleichtert es den Kindern, ihre Impulse, Emotionen und Handlungen zu steuern und mit Frustration umzugehen. Auf diese Weise werden alle Streitenden in die Lage versetzt, ihren Standpunkt darzulegen und zu erklären, was aus welchen Gründen geschehen ist. Sie können diskutieren und den anderen auch widersprechen, wobei sie jedoch ihre Gefühle kontrollieren, sich nicht in den Vordergrund drängen und niemanden unter Druck setzen sollten.

Die Lehrkraft handelt also aus einer neuen Position heraus: einer dynamischen Position, die auf Dialog basiert und nicht mehr auf Vorschriften und Korrekturen. Bei der Lenkung von Kinderstreit, aber auch in der allgemeineren erzieherischen Praxis kommen die sogenannten „mäieutischen Fragen“ zum Einsatz, denen es nicht darum geht „die richtige Antwort vorzugeben“, sondern von den Kindern „nachhaltige Antworten zu erhalten“ (siehe Novara 2010).

Hinweis

Lehren und Lernen wird in der mäieutischen Dialogtechnik nicht als vertikaler Vorgang verstanden. Im Gegenteil, die horizontale Wissensvermittlung über das soziale Netzwerk der Klasse wird mit berücksichtigt.

Die Lehrkraft fasst schulische Arbeit in diesem Sinne als Gruppenarbeit auf: Sie aktiviert die Gruppe, lässt sie arbeiten, regt sie zum Entdecken und Erforschen an. Dabei helfen Methoden des erfahrungsbasierten Lernens.

Auch bezüglich der Strategien des Lehrens und Lernens geht die Lehrkraft also „einen Schritt zurück“: Sie nutzt einen reichhaltigen „Werkzeugkasten“, der die Schüler ins Zentrum des Geschehens rückt. Dazu gehören etwa Formen kooperativen Lernens und problem solving, Rollenspiele oder metakognitive, narrative und dialogische Ansätze. Auch bei schwierigen Schülern geht die Lehrkraft die Probleme nicht nur auf der individuellen Ebene an – als hingen die Ereignisse in der Klasse nur mit einzelnen Personen und nicht mit der Gruppe als Ganzes zusammen. Im Gegenteil, die Lehrkraft bezieht die Klasse mit ein, wenn es um Unterrichtsstörungen geht. Sie schafft Raum dafür, dass die Gruppe sich mit den sogenannten störenden Schülern auseinandersetzt. Zwischenmenschliche Probleme werden so zu Entwicklungsanlässen. Auf diese Weise lernen die Schüler, gut zusammenzuleben, bei aller Komplexität dieses Miteinanders und allen Schwierigkeiten, die es manchmal bereithält. In jedem Fall sollten wir in den Kindern den Wunsch wecken, dazuzulernen, die Sichtweisen der anderen zu verstehen und Auseinandersetzungen in kreative Momente zu verwandeln. Momente, in denen unsere gemeinsamen Interessen zutage treten und eine Entwicklungschance erhalten. Im Wesentlichen geht es darum, die Schule auf methodischer Ebene in ein „mäieutisches Labor“ zu verwandeln, das eher mit Fragen als mit Antworten arbeitet.

Danksagung

Für die Teilnahme an unserer Studie danken wir allen Kindern der beteiligten Klassen beziehungsweise Gruppen und allen Lehrkräften und Erzieherinnen des Schulzentrums „M.L. King“ in Grugliasco sowie der Kindergärten „Pempruner“ und „Parri“ in Turin: Danke für ihre Offenheit, Professionalität und ihr Engagement.

Ein besonderer Dank geht an Pino Assandri, der als Leiter der beteiligten Schulen und Einrichtungen Weitblick bewiesen hat. Danke auch an alle diejenigen, die im Rahmen des Experiments autobiografische Überlegungen beigesteuert haben: Maria Grazia Bisagno, Angela Capozza, Grazia Marchesini, Anna Filomena Schiavone, Giuseppina Vergnano.

Wir danken dem USCoT (Büro für Supervision und Koordinierung des Praktikums) des Studiengangs Früh- und Grundschulpädagogik der Universität Turin und den Praktikanten für die Durchführung der Beobachtungen vor und nach dem Experiment. Ein letzter Dank geht an die Mitarbeiter des CPP, die über die Jahre dazu beigetragen haben, den wissenschaftlichen und pädagogischen Stellenwert der hier präsentierten Inhalte offenkundig zu machen.

Bibliografie

American Psychiatric Association: Diagnostic and Statistical Manual of Mental disorders – DSM-5. Washington D.C 2013.

Bakan, J.: Childhood under siege: How Big Business targets your children. New York, London, Toronto, Sydney, New Delhi 2012.

Bonica, L.: Slittamenti tra regolazioni sociocognitive e regolazioni interpersonali. Il ruolo delle opzioni metacomunicative in gruppi di gioco e di apprendimento osservati nei contesti educativi. In: P. Nicolini (Hrsg:.): L'interazione tra pari nei processi di apprendimento. Bergamo 2009.

Bonino, S.: Aggressività, cooperazione e modelli educativi nell'asilo nido. In: Eta Evolutiva, Nr. 29 (1988).

Bonino, S.: Contagio, empatia e comportamento prosociale. In: G.V. Caprara und S. Bonino: Il comportamento prosociale. Aspetti individuali, familiari e sociali. Trient 2006.

Bonino, S.: Altruisti per natura. Alle radici della società positiva. Rom 2012.

Boswell, J.: The Kindness of Strangers: The Abandonment of Children in Western Europe from Late Antiquity to the Renaissance. Chicago/London 1998.

Butovskaya, M. und A. Kosinzew: Aggression, friendship and reconciliation in Russian primary school children. In: Aggressive Behavior, Bd. 5, Nr. 2, S. 125–139.

Cambi, F. und S. Ulivieri (Hrsg.): Infanzia e violenza. Forme, terapie, interpretazioni. Florenz 1992.

Carugati, F.. Interazioni sociali, collaborazioni, conflitti. Stato dell'arte e problemi aperti. In: P. Nicolini (Hrsg:.): L'interazione tra pari nei processi di apprendimento. Bergamo 2009.

Castoldi, M.: Valutare le competenze. Percorsi e strumenti. Rom 2009.

Cialdini, R.B.: Le armi della persuasione. Come e perché si finisce col dire di sì. Florenz 2005.

Corsaro, W.A.: Le culture dei bambini. Bologna 2003.

Dell'Olio, T.: A dieci anni dalla guerra. In: Rocca, 1/10 (2011).

deMause, Lloyd: Hört ihr die Kinder weinen: Eine psychogenetische Geschichte der Kindheit, Frankfurt a. M. 1989, 6. Auflage.

Dunn, Judy: The beginnings of social understanding. Oxford 1988.

Dunn, Judy: Children's friendships: The beginning of intimacy. Oxford 2004.

Eisenberg, A.R. und Garvey, C.: Children's use of verbal strategies in resolving conflicts. In: Discourse Processes, Nr. 4, S. 149–170.

Evans S. und Cohen S.S.: Hot Bottons: How to resolve conflict and cool everyone down. New York 2000.

Fonzi, A. und E. Negro Sancipriano: Il mondo magico del bambino, Turin 1979.

Fonzi, A/G. Tomada/P. De Domini: Quando i bambini si scontrano. Conflitto interpersonale e competenza individuale in età precoce. In: A. Fonzi: Cooperare e competere tra bambini, Florenz 2003.

Garvey, C.: Children's talk. Cambridge, London 1984

Key, E.: Das Jahrhundert des Kindes, Studien von Ellen Key. Weinheim, Basel 2000.

Miller, A: Am Anfang war Erziehung. Frankfurt a. M. 2008, 27. Auflage.

Miller, A: Das Drama des begabten Kindes und die Suche nach dem wahren Selbst, Frankfurt a. M. 2013, 10. Auflage.

Morris, Desmond: Der nackte Affe. München 1968.

Novara, D.: Il conflitto come risorsa. In: Psciologia Contemporanea, Nr. 210 (2008), S. 50–56.

Novara, D.: La gestione del gruppo classe per un apprendimento efficace. In: Scuola e Didattica, Februar 2009, S. 24–26.

Novara, D. (Hrsg.): Litigare per crescere. Proposte per la prima infanzia. Trento 2010.

Novara, D.: La grammatica dei conflitti. L'arte maieutica di trasformare le contrarietà in risorse. Casale Monferrato 2011.

Novara, D.: Con gli altri imparo. Il gruppo come luogo di apprendimento creativo. In: Conflitti. Rivista Italiana di Ricerca e Formazione Psicopedagogica, Nr. 1 (2012a).

Novara, D.: L'errore. Strumento di autoregolazione per un apprendimento efficace e maieutico. In: Conflitti. Rivista Italiana di Ricerca e Formazione Psicopedagogica, Nr. 2 (2012b).

Novara, D.: Gestire l'oppositore in classe. In: Rocca, Nr. 13 (2012c).

Novara, D.: La domanda crea. In: Conflitti. Rivista Italiana di Ricerca e Formazione Psicopedagogica, Nr. 3 (2012d).

Novara, D.: Con le domanda maieutiche si impara. In: Conflitti. Rivista Italiana di Ricerca e Formazione Psicopedagogica, Nr. 3 (2012e).

Novara, D.: L'orfanità pedagogica in Italia. Conflitti. Rivista Italiana di Ricerca e Formazione Psicopedagogica, Nr. 4 (2012f).

Novara, D. und L. Regoliosi: I bulli non sanno litigare. L'intervento sui conflitti e lo sviluppo di comunità. Rom 2007.

Oliverio Ferraris, A.: La forza d'animo. Cos'è e come possiamo insegnarla ai nostri figli. Mailand 2004.

Pellerey, M: Le competenze individuali e il Portfolio: Mailand 2004.

Perco, D (Hrsg.): Balie da latte. Una forma peculiare di emigrazione temporanea. In: Quaderno Comunità Montana Feltrina. Centro per la documentazione della cultura popolare, Bd. 4 (1984).

Piaget, J.: Die Psychologie des Kindes", München 1993.

Polenghi, S.: Fanciulli soldati. La militarizzazione dell'infanzia abbandonata nell'Europa moderna. Rom 2003.

Pontecorvo, C. und A.M. Ajello: Discutendo si impara. Interazione sociale e conoscenza a scuola. Rom 2004.

Rizzolatti G. und C. Sinigaglia: So quel che fai. Il cervello che agisce e i neuroni specchio. Mailand 2006.

Rizzolatti G. und L. Vozza: Nella mente degli altri. Neuroni specchio e comportamento sociale. Bologna 2008.

Romano, S.: L'irresistibile impulso di parlare di sé. In: Mente & Cervello, Nr. 91, S. 24; Zusammenfassung des Originals in: Tamir, D.I. und J.P. Mitchell: Disclosing information about the self is intrinsically rewarding. In: Proceedings of the National Academy of Science, Bd. 109, Nr. 21, S. 8038–8043.

Sanziel, M.: Come e perché programmare nella scuola materna. Florenz 1984.

Shantz, C.U.: Conflicts between children. In: Child Development, Bd. 58, Nr. 2, S. 283–305.

Shantz, D.W. und Shantz, C.U.: Conflicts between children and social-cognitiv development; Vortrag auf der Jahreskonferenz der American Psychological Association, Washington, D.C. 1982.